인지행동 치료를 적용한 진로 상담의 효과 연구

인지행동 치료를 적용한 진로 상담의 효과 연구

김 희 수 著

한국학술정보㈜

서 문

    의대를 가겠다는 의지로 9수를 했지만, 결국은 의대 진학에 실패하고, 수학교육학과에 입학한 나이 많은 남학생을 상담하면서, 나는 대단히 혼란스러웠다. '왜 그 학생은 그토록 의대를 고집해야 했을까?', '그 학생에게 의사는 유일한 진로 선택이었을까?', '정말 의사가 그 학생에게 가장 적당한 직업일까?' 등등 많은 의문을 가졌다.

    상담과정을 거치며 알게 된 사실은 그 학생은 매우 착하고, 유능한 장남이었으며, 그의 어머니에게는 이 장남의 성공이 대단히 중요한 과제였음을 알게 되었다. 그래서 어머니는 끊임없이 의대 진학을 권유했고, 아들은 어머니의 뜻을 거절할 수가 없었다. 물론 이 학생은 이 긴 입시 전쟁에 지쳐있었지만, 어떻게 해야 할지 실마리를 풀 수 없었던 것이었다.

    나는 이 학생에게 가장 중요한 과제는 어머니의 뜻을 거스를 수 없다는 오래된 신념에 대해 논의하는 것이라는 결론을 얻었다. 우리는 상담 과정을 통해 이 신념에 대해 논의했고, 이 신념을 수정하는 것에 동의하게 되었다. 즉 어머니의 뜻을 수용하는 것은 아들로서의 긍정적인 태도이지만, 때로는 자신에게 그 것보다 중요한 일들이 있을 수 있으며, 그때는 어머니의 뜻을 받아들이지 않는 것도 필요하다는 생각으로 바꾸기로 한 것이다.

    이 학생은 수학교사로서의 적성과 흥미를 검사를 통해 확인하면서, 자신은 더 이상 의사가 되지 못한 것에 대해 죄책감을 갖지 않기로 했다. 또 어머니가 아직도 미련을 가지고 의대 입시에 재도전하기를 권유하는 것에 대해 단호히 거절하기로 했다.

그 학생은 현재 수학 교사가 되어 있으며, 간혹 내게 안부 전화를 해 온다. 그리고 자신이 갖고 있었던 어머니에 대한 태도를 바꾼 것에 대해 매우 잘한 선택이라는 이야기를 한다. 그 과정을 함께 한 내게도 감사함을 표현하여 나 또한 참 감사했다.

이렇듯 진로 상담은 실은 대단히 개인적이며, 심리적인 과정을 내포하고 있다. 물론 청년 실업이 사회의 시급한 해결 과제인 현 상황에서 진로 상담 자체는 대단히 중요한 과정이다. 그런데 더 성공적인 진로 상담은 반드시 심리 상담적이어야 한다는 것이다. 이 책은 이러한 나의 신념과 나의 경험을 통계적인 절차와 질적 분석을 통해 입증한 것이다. 이 책이 새롭고 효과적인 진로 상담을 시도해보고 싶은 진로 상담가들에게 도움이 되었으면 한다.

목 차

표 목차

그림 목차

I. 서 론

A. 연구의 필요성

합리적으로 진로를 선택하고 선택한 분야에 들어가 만족하고 행복한 삶을 누리는 것은 인간에게 심리적 안정과 만족감을 주는 필수 조건이라고 하겠다. 그런데 세계화·정보화 시대라고 규정짓는 21세기는 한마디로 '급변하고' 있다. 특히 지적 능력과 창의력에 바탕을 둔 직업의 종류가 더욱 다양하게 증가하고, 그 생성·소멸이 매우 빠르게 이루어진다.[1] 따라서 급변하는 현대사회 속에 개개인의 진로 선택 문제는 더욱 어려워질 수 있으며, 선택에 따른 적응 문제도 그 어느 시기에 비해 어려울 것으로 유추된다. 따라서 진로 상담과 진로 교육은 이처럼 급변하는 세계에 각 개인이 유연하게 적응하는 능력을 키우는 핵심수단이 되며, 이러한 적응능력을 통해 사람들은 자기실현을 하고, 행복을 추구하며 살아갈 수 있게 될 것이다.

이러한 시기에 심리 상담과 진로 상담과의 접촉을 위한 노력은 진로 발달(선택과 적응)을 촉진시킬 뿐 아니라, 개인적 적응도 증진시킬 수 있을 것이다. 그러나 실제의 상담 현실은 북미 대륙

---

1) 「Dictionary of occupational Titles」에 의하면, 22000여 개에 달하고, 노동부 산하, 중앙 고용 정보 관리소에서 펴낸 「한국 직업 사전」에 의하면 11537개에 달한다.

에서나 우리나라에서나 공통적으로 "심리 상담"에 대한 흥미와 관심은 고조되어 가고 있는 반면, "직업지도"는 침체상태에 접어들어 가고 있다. 즉 학생과 사회는 진로 상담을 원하는 데, 상담자는 "치료"하기를 원하는 현상이 두드러지고 있다(Crites, 1981; Blustein, 1992; 김계현, 1995). 이러한 현상은 상담자가 내담자에게 현실적이고 구체적인 도움을 주기 위해서는 간과할 수 없는 부분이다. 그럼에도 불구하고, 대학교에서 이루어지는 진로 지도가 취업과 관련된 정보를 제공해 주는 소극적이고 저차원적인 수준에서 그치고 마는 양상으로 나타나고 있다.

이러한 결과 최근까지 많이 활용되고 있는 진로탐색 프로그램들은 내담자의 진로적 문제 진단에 기초한 문제 해결적인 진로 상담이라기보다는, 내담자의 가치관, 흥미, 성격, 적성, 학력, 신체적 조건, 환경적 조건 등을 탐색하여 최종 대안을 선택해서 제시하는 양식이 일반적이다. 이러한 진로 탐색 프로그램은 개인들의 심리적 문제가 해결되기 전까지는 비효과적일 수 있다. 왜냐하면 내담자의 진로적 문제를 진단하여 내담자가 심리적 문제로 인하여 진로 선택이나 적응에서 갈등을 일으키고 있는 경우, 내담자의 심리적 문제를 먼저 치료하여야 효과적인 진로 선택이나 적절한 적응을 꾀할 수 있는 것이다.

따라서 앞으로의 진로 상담은 내담자의 심리적 문제 진단과 심리 치료에서 출발하여야 하며, 내담자의 심리 치료 결과가 진로 발달을 유도하는 과정으로 진행되어야 한다. 이러한 과정은 심리적으로 다양한 문제를 가지고 사는 내담자들에게 진로 선택에 현실적이고 즉각적으로 적용할 수 있는 상담서비스를 제공할 수 있게 할 것이다.

이러한 맥락에서 심리 상담과 진로 상담을 접목시키는 작업을 추진하기에 이르렀고, 심리 상담 중 효과적으로 진로 상담에 접목시킬 수 있는 심리 상담 기법을 선택하는 것이 그 다음 과제였다. 그 과정에서 1950년대에 Albert Ellis에 의해서 개발된 인지·정서·행동 치료(Rational Emotive Behavior Therapy: REBT)를 통한 인지의 재구성은, 대학생이 진로 발달 단계상 진로 확립기에 해당하므로 현실을 직시하고 보다 실용적이고 합리적인 진로 선택과 준비를 수행하는 데 긍정적인 효과를 미칠 것이라는 추론을 하게 되었다.

왕가년(1996)은 고교생과 대학생을 대상으로 한 연구에서 비합리적 신념이 높은 학생이 진로성숙도가 낮음을 밝혀냈다. REBT에서는 비합리적 신념은 생득적으로 타고나는 경향성도 있고, 문화·사회적인 영향도 받는다고 제시하고 있다. 마찬가지로 진로 태도 성숙도도 문화·사회적 영향을 받는다는 주장(Cheatham, 1990; Fouad, 1988; Gati, Krausz & Osipow, 1996)이 있다. 이러한 주장에 근거하여 진로와 관계된 비합리적 신념을 수정하여 합리적 신념으로 대치하는, REBT를 적용한 진로 상담 프로그램 의 적용은 대학생의 진로 발달에 큰 의미가 있을 것이라고 추측해볼 수 있었다.

그러므로 REBT를 활용한 진로 집단 상담 프로그램을 구성하여, 대학생들의 진로 발달 변인에 미치는 효과를 연구할 필요가 제기되었다.

B. 연구의 목적 및 문제

본 연구의 목적은 인지·정서·행동 치료(REBT)를 이용한 진로 집단 상담 프로그램이 자기 효능감, 대인관계 능력, 진로 태도 성숙, 의사 결정 유형 결정에 미치는 효과를 분석하는 것이다.

위 연구 목적을 달성하기 위한 구체적인 연구 문제는 다음과 같다.

1. REBT를 적용한 진로 집단 상담 프로그램을 실시한 집단이 통제집단들과 비교해서 자기 효능감에서 유의미한 차이가 있는가?

2. REBT를 적용한 진로 집단 상담 프로그램을 실시한 집단이 통제집단들과 비교해서 대인관계 능력에서 유의미한 차이가 있는가?

3. REBT를 적용한 진로 집단 상담 프로그램을 실시한 집단이 통제집단들과 비교해서 진로 태도 성숙에서 유의미한 차이가 있는가?

4. REBT를 적용한 진로 집단 상담 프로그램을 실시한 집단이 통제집단들과 비교해서 의사 결정 유형에서 유의미한 차이가 있는가?

C. 연구의 제한점

본 연구의 제한점은 다음과 같다.

첫째, 본 연구자가 집단 상담 프로그램 지도자로 참여하였기 때문에, 프로그램 효과에 미치는 연구자의 영향을 완전히 배제하기 어렵다.

둘째, 진로 발달의 측정 변인으로 자기 효능감, 대인관계 능력, 진로 태도 성숙, 의사 결정 유형으로 국한하였다. 실험에 사용할 수 있는 검사 도구의 한계를 감안하여, 연구자가 전문가들의 자문을 구하여 진로 상담의 목적에 부합하는 네 가지 중요 변수를 선별하여 사용하게 된 것이다. 따라서 진로 발달 전반으로 프로그램 효과를 일반화하는 데는 제한점이 있다.

셋째, 본 연구에서는 집단에 성별 등 여러 변인에 제한을 두지 않고 표집 하였다. 따라서 성별 효과 차이 등 여러 변인에 의한 차이를 분석할 수는 없다. 앞으로의 연구에서는 본 프로그램을 성별 등 여러 변인에 의한 표집을 하여, 다양한 연구 결과를 제시한다면 프로그램 실시에 다양한 지침을 제시할 수 있을 것이다.

Ⅱ. 이론적 배경

A. 진로 발달

1. 진로 발달의 개념

진로 교육을 적용할 때 가장 기본이 되는 것은 진로 발달 과정에 대한 이해이다. 진로 발달과 그 과정에 있어서 가장 관심을 끄는 것은 "왜 어떤 사람은 어떤 특정한 진로를 택하게 되는가?" 하는 의문이다(이재창, 1994). 이것은 결국 진로결정에 대한 의문으로서 이 의문에 대한 대답을 얻기 위해 많은 사람들이 노력해왔는데 이러한 노력이 체계화된 것이 바로 진로 발달 이론이라 할 수 있다.

진로 결정은 생애의 어느 한 단계에서만 이루어지는 것은 아니다. 또한 진로 발달에 대한 선행 연구들을 보면 진로결정 과정만을 독립적으로 다루기보다는 진로 발달 단계나 직업의식 발달 단계와 함께 진로 결정을 설명하고 있다.

이러한 연구들에 대한 설명으로부터 진로결정 행위를 유추해 보면, 그것은 개인의 진로 발달 단계에 따라 일련으로 이루어진다. 진로 결정에 영향을 미치는 제반 요인에 의하여 진로 결정의 결과를 성공적인 것으로 이끌기 위해서는, 사전에 치밀한 진로계획과 효율적인 진로 지도의 중요성이 한층 더 부각되어야 할 것으로 나타났다(강무섭, 1984).

진로 발달과 직업선택에 관한 대부분의 이론들이 일정 기간에 이루어지는 직업 행위의 다양함에 관심을 가졌던 반면에, 발달 측면에 강조를 둔 이론들은 한 인간이 유아기에서 성인에 이르는 생애 발달 단계를 거치면서 각 발달 단계에 따른 진로 결정 행위의 발달과 그에 관련된 결정 요인에 주된 관심을 가졌다(Bailey & Stadt, 1973).

이는 발달 이론이 인간 발달의 개념을 진로 면에 도입한 것으로 진로 발달을 개인의 전체 발달의 한 측면으로 보는 관점이기 때문이다. 따라서 개인의 각 발달 단계에서 개인이 지닌 개인적 특성과 가정적 배경, 그리고 교육적 요인이 조화를 이루어 한 개인이 진로를 발달시켜 나갈 수 있도록 하는데 진로 교육의 초점이 두어져야 할 것이다.

진로 발달을 개인의 전체 발달의 한 측면으로서의 일련의 진로 결정에 의해 표출된다고 보았을 때, 진로 발달과 관련하여 진로 상담에서 다루어야 할 필수 변인들로 다음의 네 개념을 상정할 수 있을 것이다. 즉 진로 발달이 이루어지면, 자기 효능감과 대인관계 능력이 향상되고, 진로 태도가 성숙되며, 의사 결정 유형이 합리적으로 변화하게 되며, 진로 상담은 이러한 변인들의 긍정적 변화를 목적으로 삼게 되는 것이다.

2. 자기 효능감

자기 효능감(self-efficacy)이란 어떤 결과를 얻고자 하는 행동을 성공적으로 수행해낼 수 있다는 개인의 신념으로 상황적·구체적 자신감의 강도를 의미한다. 일반적으로 사용되는 자신감(self-confidence)이란 수행을 성공적으로 해낼 수 있는 능력에 대한 개인의 확실성의 정도 또는 믿음이라 정의된다 (Vealey, 1986). 자기 효능감과 일반적 자신감의 개념적 차이로 자신감은 믿음 또는 확신의 강도를 의미할 뿐 인지된 능력의 구체화된 수준을 의미하지는 않지만, 자기 효능감은 그 믿음의 강도와 인지된 능력 수준의 구체화를 의미한다.

개인이 일련의 행동을 수행할 경우 어떠한 결과를 가져 올 것이라는 사실에 대한 인지, 즉 행동 결과에 대한 예측을 하더라도 개인의 수행 행동에 결정적인 영향을 미치는 것은 자기 효능감에 의한 예측이라는 것이다. 또한 결과를 달성하기 위한 노력의 강도 및 지속에 관한 예견적 판단인 자기 효능감이 개인으로 하여금 소정의 일에 개입하게 하고, 그 일을 수행해 나가게 하는 동력화의 역할을 한다는 것이다. 그리고 행동으로 옮기려는 동기 없이는 개인의 인지 능력이 수행으로 이어질 수 없다는 것이다. 따라서 자기 효능감에 관한 개인의 판단, 즉 자기 신념은 행동의 중요한 기초가 된다.

또한 자기 효능감에 대한 개인의 신념은 매개변수로서 행동 수행 과정, 노력 정도, 의지 및 지속성 등을 결정하는 기준이

된다. 이러한 자기 효능감에 대한 예견 정도가 높을수록 많은
노력을 경주하게 되며, 어려운 과업에 도전하고 그 일을 수행
해 나가게 된다. 즉, 자기 효능감은 개인의 노력을 가능하게
하는 것이다.

　개인이 자신의 수행 결과를 해석하는 방식은 이후의 수행에 관
계하게 될 개인의 신념과 환경에도 영향을 준다. 이는 Bandura
(1986)의 상호작용 결정론에 기초한 것으로, 인지·정서·생리
적 활동으로서의 개인적 요인과 행동 및 환경적 영향은 상호 작
용한다는 것이다. 왜냐하면, 개인의 힘은 사회에 뿌리를 두고 있
고 사회·문화적 영향력 안에서 작용하기 때문에, 사회 체계와
환경의 생산자인 동시에 생산물이기 때문이다.

　아울러 각 개인은 각자의 사고, 감정, 행동을 어느 정도 조
절할 수 있는 자기조절 체계를 가지고 있다. 이러한 자기조절
체계는 자체적인 인지 및 정서 구조를 가지고 있으며, 기호
화·타인으로부터의 학습·대안적 전략계획·자기행동 조절·
자기반성 등의 능력을 포함한다. 또한 자기조절 체계는 주어진
환경을 변화시키고, 개인의 행동에 영향을 주는 능력을 제공함
으로써 자기조정 기능을 하고 있다. 이 중에서도 가장 중요한
요소는 자기 효능감이라고 한다.

　Betz & Hackett(1981)에 의하면, 자기 효능감은 직업흥미,
진로 선택과 관계가 있다고 한다. 자기 효능감, 직업흥미와 진
로 선택과의 관계에 대한 주장은 많은 연구자들에 의하여 계속
적으로 지지를 받아 왔다(Betz, Klein & Borgen, 1994; Lenox
& Subich, 1994; Lent, Brown & Hackett, 1994). 특히

Wheeler(1983)는 자기 효능감이 직업에 대한 능력과 그 직업에 대한 성공 가능성을 측정할 때 직업 선호도와는 유의한 관계가 있다고 한다. 또한 Post-Kammer & Smith(1986)는 수학과 과학 관련 진로의 자기 효능감은 학업성취에 있어서 자신감과 관계되는 것은 물론, 흥미와 유의미한 관계가 존재한다는 사실을 보고하고 있다. Post-Kammer & Smith의 연구는 여성들을 대상으로 한 결과지만, Lent, Brown & Larkin(1986)은 과학과 기술 관련 직업에 대한 자기 효능감과 그러한 직업에 대한 흥미 사이에도 유의한 상관관계가 있음을 보고하고 있다. 또한 회귀분석에서도 과학·공학 전공자들의 흥미와 자기 효능감이 학업을 수행하는 능력에 대한 자신감에 미치는 영향을 측정했을 때, 능력에 대한 자신감을 유의하게 예언하고 있음을 나타내었다.

Lent, Larkin & Brown(1989)은 과학과 기술계 학생들에 대한 유사한 연구결과를 보고하고 있다. 또한 Rotberg, Brown & Ware(1987)도 진로흥미, 장래희망, 그리고 자기 효능감 사이의 유의한 정적 관계를 보고하고 있다. 무엇보다도 Lent 등(1994b)은 자기 효능감과 진로흥미 사이의 관계에 관한 선행연구를 토대로 메타 분석한 결과, 상관관계가 .53임을 제시하고 있다.

특히, 사회인지 진로이론에서는 자기 효능감이 능력과 흥미 사이의 관계를 매개하고 있다고 가정한다. 이러한 가정에 의하면, 실제적 능력에 기초한 활동은 직업에 대한 흥미를 발달시키지 못한다. 오히려 강한 적극적 자기 효능감을 갖고 있는 활동과 직업에서 더 많은 흥미를 갖는다는 것이다.

최근 들어 Bandura(1982, 1986)의 자기 효능감 이론과 진로 결정에 영향을 주는 다양한 변인들과의 관계를 설명하고자 하는 연구들이 진행되고 있다(Solberg, Good, Fischer, Brown & Nord, 1995; Tracey, 1997). 진로 자기 효능감이 있는 사람은 직업과 관련된 의사 결정 과정에 적극적으로 대처한다고 볼 수 있다. (Brooks, 1990; Cook, 1991; Spokane & Fretz, 1992).

Bandura(1977)의 초기 이론에 따르면, 자기 효능감이란 어떤 특정 과업을 수행하는데 있어서 개인이 얼마나 성공에 대한 확신을 가지고 있는가를 의미한다. 따라서 자기 효능감에 대한 기대감은 개인이 특정 과업 수행을 시작하고 유지하는데 있어서 매우 중요한 역할을 수행하는 것으로(Lent & Hacketts, 1987), 특정 행동 수행 혹은 행동 변화를 결정하는 중재 요인으로서의 역할을 수행한다(Betz & Luzzo, 1996).

Bandura의 진로 자기 효능감 이론은 개인이 진로와 관련된 결정을 내리는데 있어서 매우 중요한 영향을 행사하게 되는데, 이런 영향력은 진로 결정 과정에서의 인지적 능력뿐만 아니라 진로와 관련된 동기 수준에도 커다란 영향을 주게 된다(Betz & Luzzo, 1996).

개인이 특정 진로 영역에 대한 결정 행동을 수행하기 위해서는 그 결정에 영향을 주게 되는 개인적인 신념이라는 중재 변인에 기초를 하게 된다. 따라서 진로 결정 행동은 일차적인 중재 변인인 개인의 자기 효능감에 대한 기대 수준에 의해 결정된다고 할 수 있다(Bandura, 1989). 진로 탐색과 관련된 자기 효능감은 다양한 진로 탐색 활동을 성공적으로 수행할 수 있는지에 대한 개인적 확신성의 정도를 의미하는 것으로, 자신의 능력과 개인적인 직업적 가치 등을 효율적으로 확인함으로써 자신의 선택이 정확하다는 믿음을 갖게 해준다(Solberg, Good, Fischer, Brown & Nord, 1995). 높은 수준의 진로 자기 효능감을 가지고 있는 사람은 직업 탐색 행동을 더 잘 수행할 수 있게 된다(Blustein, 1989; Luzzo, 1993).

이상에서 자기 효능감이란 어떤 결과를 얻기 위한 과정을 성공적으로 수행할 수 있다는 개인의 신념이라고 정리할 수 있으며, 진로 발달의 측면에서 자기 효능감은 성공적인 진로 수행을 위해 중요한 변수가 될 것이라고 추측해볼 수 있다.

3. 대인관계 능력

대인관계란 Heider(1964)에 의하면 소수인(小數人), 일반적으로 두 사람 사이의 관계를 의미한다. 개인이 타인에 대해 어떻게 생각하고 있으며, 어떻게 느끼고 있는가, 그는 타인을 어떻게 지각하고, 타인에 대해 어떠한 행위를 하며, 그는 타인이 무슨 행위, 또는 생각을 하기를 기대하는가, 그는 타인의 행동에 대해 어떻게 반응하는가를 대인관계의 측면이라 하였다(안범희, 1985).

한편 이에 비해 대인관계와 혼용되어 쓰고 있는 인간관계는 인간과 인간과의 심리적인 관계, 또는 사람 대 사람과의 상호적 행위양식, 혹은 인간과 인간과의 심리적인 관계, 또는 사람대 사람과의 상호적 행위 양식, 혹은 인간과 인간들 사이에 형성되는 원만한 심리상태인 인화술, 사교술을 의미하며 인간요소의 일반을 지칭한다. 즉 인간관계는 대인관계보다 광의적 의미를 지니고 있다(김현경, 1985).

1940년대 중반에 Horney(1945), Fromn(1947), Sullivan(1947)은 경증의 행동장애들이 주로 사람과의 관계에 있어서의 문제를 나타내는 것이라 하여 인간의 적응에 있어 대인관계의 중요성을 강조하였으며, 이와 비슷한 견해가 Leary(1957)와 그의 동료인 Coffey, Freedman, Ossori, Laforge에 의해서 취해졌다. 이들은 다수준적인 대인진단을 위한 구조를 발달시키고자 노력했다. 그리고 이후에는 주로 신프로이드학파(Neo-Freudian)에 속하는 학자에 의해 대인관계 차원 내지는 성향이 연구되었다(안범희, 1984).

이외의 대인관계에 주목한 몇몇 학파의 견해를 보며, 자아개념에 근거를 두고 발전되어 온 상징적 상호작용주의(Symbolic interactionism)학파에 속하는 Cooley, Dewey, Mead, Blumer 등의 대인관계에 관한 견해는 협동과 사회적응으로 보았으며, Heider, Lewin, Asch로 대표되는 형태 심리적 이론에서는 특히 대인지각에 관심을 보인 Heider의 형평이론(Balance theory)이 두드러지며 형태심리학파의 대인관계 목적이기도 하다(Heider, 1964). 인본주의 심리학적 이론의 대인관계의 목적 및 기능은 적응, 자기 및 타인에게 도움이 되는 것(Combs, 1974), 자기실현의 도모 등이고, 행동주의적 입장에서는 호혜, 보상, 대가를 대인관계의 목적으로 제시했고, 행동주의적 영향을 많이 받아, 대면적 대인관계에 주목하여 교환이론을 제시한 Homans 등의 이론이 있다. 또한 May(1961)는 실존주의적 입장에서 통합적인 인간, 주체성의 확립을 대인관계의 목적으로 보았으며(May, 1961), Tagiuri & Petrullo(1962)의 대인관계의 견해는 사회적 적응과 목적 달성으로 보았다(한광희, 1986).

김정희(1992)는 개인이 자각하고 있는 사회적 지지의 정도를 대인관계 능력이라고 보고 있다. 즉 대인관계 능력이란 사회적 조직망의 크기, 즉 자신의 주변에 마음을 터놓고 이야기하거나 걱정거리를 같이 의논할 수 있는 사람의 수와 가족, 가장 가까운 친척, 가장 가까운 친구나 이웃들이 어느 정도나 지지를 보내고 있다고 자각하는가에 달린다고 파악하였다.

이상에서 대인관계 능력이란 상황에 대한 인식을 분명히 함으로써 안전과 안정으로 도모하고 협동, 상호이해 및 통제, 교환, 도움을 주고받음, 의미의 추구를 통해 평형 내지는 적응, 만족스러움, 또는 어떤 목적의 달성이나 이득을 추구하며, 그러한 중에 주체성의 확립으로 삶의 의미를 찾고, 자아실현에 도달하는 것이 그 궁극적 목적이라고 말할 수 있다. 그리고 대인관계 능력은 직업적 적응에서도 중요한 역할을 할 수 있으므로(김충기, 1998), 진로 발달의 한 변인으로 설정하게 되었다.

4. 진로 태도 성숙(career maturity attitude)

　진로 성숙의 개념은 1940년대 청소년들의 진로행동에 관한 연구들에서 시작되어 1950년대 직업선택에 대한 발달이론가들에 의해 발달된 개념이다. 진로 성숙은 전 생애 과정에서 직면하게 되는 직업에 대한 준비 정도와 대처 행동 능력을 나타내는 개념이다(Super, 1957). 이런 진로 성숙 개념은 현실적인 진로 선택에 필요한 인지적 능력과 직업 세계에 참여하고 진로를 결정하는 과정에서 나타날 수 있는 개인의 감정, 주관적 반응, 기질 등을 나타내는 정서적 측면인 진로 태도 요인으로 구분할 수 있다. 또한, Crites(1978b)의 진로 발달 이론에서도 진로 성숙의 구인을 인지적 능력을 포함하는 직업 선택에 대한 능력 요인과 정의적 측면인 직업 선택에 대한 태도 요인의 두 가지 요소로 제시하였다.

　진로 및 직업 선택과 관련된 관심 및 준비 정도에 대한 태도의 성숙 수준은 자신의 결정 및 선택에 대한 확신 정도를 나타내는 효능감 수준에 의해 잘 설명될 수 있다. 진로 선택에서의 자기 효능감 수준을 측정하기 위한 대표적인 검사 도구로서 Taylor와 Betz(1983)가 개발한 Career Decision-Making Self-Efficacy Scale(CDMSES)를 들 수 있다. CDMSES는 진로 결정과 관련된 과업 및 행동 결과의 성공 여부의 기대에 대한 자기 효능감을 측정하기 위한 도구로서, 기본적으로 Crites(1971)의 진로 성숙 구인에 기초를 두고 있다. Crites(1965, 1971, 1978b)의 모델은 진로 결정 과정에서의 개인적인 태도와 정서적인 부분에서의 성숙 정도를 강조하고 있다.

우리나라 청소년들이 진로 선택과 관련하여 고민하는 내용 중 자신의 선택에 대한 믿음의 부족이 주요한 문제로 대두되고 있다(이기학, 1997). 이런 특성은 대학을 졸업하고 구체적인 일의 세계에 참여하고자 하는 대학생 집단에서도 지속되는 현상으로, 우리나라 청소년들의 진로에 대한 지도 및 상담의 필요성을 시사해 주는 부분이다. 청소년기는 학교 장면에서 일의 세계로 옮겨가기 위한 준비를 하는 단계로서, 자신과 직업에 대한 정보를 획득하고 적절한 진로 선택을 위한 탐색의 시기이다. 개인이 어떤 하나의 직업을 선택하고 일의 세계에 참여한다는 것은 개인의 일생에 있어 매우 중요한 시기로 볼 수 있다(Harré & Lamb, 1983). 따라서 최초로 진로를 탐색하고 선택하고자 하는 청소년들이 어떤 진로 태도를 갖고 있는 지를 알아보는 것은 개인의 진로 방향성을 파악하고, 또한 특정 집단의 진로 태도 경향성을 파악하는데 도움을 줄 수 있을 것이다 .자신과 직업에 대한 올바른 이해를 할수록, 앞으로 선택하고자 하는 진로에서 만족한 생활을 영위할 가능성은 더욱 커져 만족스럽고 생산적인 삶을 누릴 수 있을 것이다. 효율적인 직업 선택과 만족스런 삶을 누리기 위해서는 가장 중요한 것이 자신의 특성에 맞는 직업을 탐색하고 선택한 직업 세계에서의 성공적인 수행을 할 수 있는 자신감과 확신을 갖는 것이 무엇보다 필요하다고 하겠다.

이상의 정의로 볼 때 진로성숙은 개인이 진로를 탐색하고 선택할 때 자아와 환경을 인식하여 진로를 선택하고 적응해 가는 준비의 정도로 개념화할 수 있다. 따라서 진로성숙은 진로 발달을 구성하는 중요한 변인이 되는 것이다.

5. 의사 결정 유형

의사 결정은 대안들 중에서 가능성 있는 대안을 선택, 결정하는 행위이다. 의사 결정 유형은 합리적 전략의 사용 정도와 책임의 정도에 따라 분류한다. 진로 지도에서 특히 의사 결정을 중요한 요인으로 삼은 Keynes는 개인은 의사 결정의 문제에서 자신의 이익을 극대화하고 손실을 극소화하는 방향으로 행동하여야 한다는 전제 하에, 개인은 여러 가지 선택 가능한 직업 중에서 자신의 투자가 최대로 보장을 받을 수 있는 직업을 선택하는 것을 목적으로 한다고 보고 있다(김충기, 1998).

의사 결정 유형이란 의사 결정을 할 때 개인이 어떤 방식으로 접근하는가에 따라 분류되는데, Harren(1979)의 의사 결정 유형의 특징은 다음과 같다.

첫째, 합리적 유형은 확장된 시간 조망 내에서 연속적인 결정들이 서로 관련되어 있음을 인식하며, 자신과 상황에 대하여 정확한 정보를 수집하고, 신중하게 논리적으로 의사 결정을 수행해 나가며 의사 결정에 책임을 지는 유형이다. 이 유형의 장점으로는 의사 결정이 합리적, 심리적 독립과 성장에 도움을 주고, 잘못하거나 실패할 확률이 낮다는 것이며, 단점은 의사 결정에 시간이 걸린다는 것이다.

둘째, 직관적 유형은 의사 결정에 대한 책임을 받아들이지만, 미래를 별로 고려하지 않고 정보 탐색활동이나 대안들에 대한 논리적인 평가 과정도 거의 갖지 않는다. 의사 결정의 기초로서 상상을 사용하고 현재의 감정에 주의를 기울이며 정서적 자각을 사용하는 특징이 있다. 즉, 즉흥적인 느낌과 감정적인 자아 인식에 의해 결정한다. 이 유형의 장점으로는 빠른 의사 결정을 하며, 스스로 선택에 책임을 지는 것이며, 단점으로는 잘못하거나 실패할 확률이 높다는 것이다.

셋째, 의존적 유형은 합리적, 직관적 유형과는 다르게 의사 결정에 대한 개인적인 책임을 부정하고 그 책임을 외부로 투사하려는 경향이 있다. 의사 결정 과정에서 타인의 영향을 많이 받으며 수동적이고 순종적이고, 사회적 인정에 대한 욕구가 높으며 의사 결정 상황이 여러 가지로 제한 받는다고 지각한다. 이 유형은 별 다른 장점이 없으며, 단점으로는 의사 결정을 내려야 할 때 정서적으로 불안을 느끼며, 남의 눈치를 보는 관계로 소신 있게 일을 처리하지 못한다. 개인적인 독립이나 성숙에 장애가 되며, 실패했을 때에는 남의 탓을 한다.

이상에서 의사 결정 유형에는 합리적 유형, 직관적 유형, 의존적 유형 세 유형이 있으며, 그 분류 기준은 합리적 전략의 사용 정도와 책임의 정도라고 할 수 있다. 합리적 유형이 물론 합리성과 책임성 두 측면에서 가장 바람직한 유형이라고 할 수 있으며, 의사 결정 유형적 특징도 진로 발달에서 중요한 변인으로 지적되고 있다.

B. 인지 · 정서 · 행동 치료(REBT)기법

1. 인지 · 정서 · 행동 치료(REBT)의 이론

인지행동 치료기법은 Albert Ellis(1913-)의 인지 · 정서 · 행동 치료(Rational Emotive Behavior Therapy)와 Aaron Beck의 인지 치료(Cognitive Therapy)를 중심으로 양대 산맥을 이루고 있다. 그들의 이론은 문제를 유발하는 사고를 보는 관점에서 차이가 있을 뿐, 문제를 해결해나가는 과정은 거의 유사하다. 결과적으로 Ellis의 풍부한 임상적 경험과 Beck의 과학적 연구 관점이 서로 보완되어 "인간의 정서와 행동은 사고의 결과이다"라는 가정을 확인시켜 주고 있다(박경애, 1999). 이 책에서는 주로 Ellis의 접근법을 주요 골격으로 하고 있어서, Ellis의 이론을 소개하고자 한다.

인지행동 치료기법(REBT)이란, 어떤 사실(A: activating event-선행사건)에 접하여 경험하게 되는 정서와 행동(C: consequence-결과)은 사실 자체에 의해서보다는, 그 사실에 대해 어떠한 생각(B: belief-사고 또는 신념)을 갖느냐에 따라 다르게 나타난다는 전제에서 출발한다. 즉 이 이론에서는 인간의 부적응 행동 또는 이상심리는 환경이나 무의식 따위에서 유발되는 것이 아니고, 그 사람이 지니고 있는 왜곡되고 부정확한 신념체계(belief system)-비합리적 신념(irrational belief) 때문에 발생한다고 보고 있다. 따라서 REBT에서는 내담자의 정서적 혼란과 관계되는 비합리적인 신념체계를 논박하여 이를 최소화하거나 합리적인 신념체계로 바꾸도록 하여 보다 현실적이고 효과적이며 융통성 있는 인생관을 가질 수 있도록 하는데 중점을 두고 있다(이형득 외, 1993).

Ellis(1979c)는 REBT에서 인간의 문제는 철학적인 뿌리를 갖고 있다고 가정하고 철저한 철학적 재평가를 위해 노력하였다. 그는 이것이 기본적인 증상 제거를 위해서가 아니라, 인간의 성장을 방해하는 여러 가지 기본적인 가치들을 조사하여 변화시키기 위한 것이라고 주장하였다. REBT의 궁극적인 상담목표인 정신건강적 기준은(Ellis, 1979c, 1979d, 1984a) 자기관심(self-interest), 사회적 관심(social-interest), 자기지향(self-direction), 관용(tolerance), 융통성(flexibility), 불확실성의 수용(acceptance of uncertainty), 몰두(commitment), 과학적 사고(scientific thinking), 자기수용(self-acceptance), 위험부담(risk taking), 반유토피아주의(nonutopianism)이다. 이 목표를 달성하기 위해서는 정서적 혼란과 관계되는 비합리적인 신념들에 대해 비합리적인 이유와 근거를 제시함으로써 합리적인 신념체계로 대치시켜야 한다. 또한 내담자에게 보다 적절한 정서를 경험하도록 하여 효과적이고 융통성 있는 인생관을 가질 수 있도록 하며, 더 나아가서는 내담자 자신의 정신 건강을 유지하고 증진시킬 수 있도록 철학적 교육을 할 수 있다.

2. 인지 · 정서 · 행동 치료(REBT)의 인간관

REBT에서는 인간은 합리적이고 논리적으로 될 가능성과 비합리적이고 비논리적으로 될 가능성을 동시에 갖고 태어난 존재라는 가정에서 출발한다. 즉, 인간의 감정과 문제는 개인의 비합리적 사고의 산물이라는 것이다. 그러므로 Ellis가 지적한 인간에 대한 REBT의 기본 가정을 요약하면 다음과 같다(Ellis, 1979a; Corey, 1986). 첫째, 인간은 외부의 조건에 의해서보다는 스스로가 자신의 정서적 혼란을 일으키는 여건을 만든다. 특히 정서적 혼란을 가져오는 신념을 자신이 창출하고 그 신념에 따라 스스로가 정서적으로 혼란하게 만드는 경향성이 있다. 둘째, 인간은 사실을 왜곡하고, 정서적 혼란을 일으키게 하는 생득적 · 문화적 경향성을 가지고 있다. 셋째, 인간은 동시에 사고하고, 느끼고, 행동하며, 이들은 상호간에 영향을 주고받는다. 즉, 인간은 총체적으로 기능한다는 것이다. 넷째, 인간은 사고와 정서 및 행동의 과정을 바꿀 수 있는 능력이 있다.

다시 설명하면, 인간은 선천적으로 성장과 자기실현의 경향성을 가지고 있지만, 잘못 학습된 생각이나 자기 패배적 신념으로 인하여 때로는 성장이 정체된다. 그러므로 자신의 잘못된 신념체계에 도전하여 이 신념과는 다른 신념 · 생각 · 가치로 대체해야만 과거와 다른 방식으로 행동할 수 있다.

3. REBT의 성격이론

REBT 기법의 성격이론은 생득적 경향, 사회적 측면, 심리적 측면으로 나누어 설명할 수 있다.

a. 생득적 경향

인간은 생득적으로 자아실현의 경향과 자기 파괴적인 경향의 양면적인 경향성을 가지고 있는데, 이것은 인간의 합리적인 신념과 비합리적인 신념과 연관되어 있는 것이다. 즉, 인간은 모든 것이 자기의 뜻과 같이 잘 이루어지기를 바라고, 그렇게 되어야 한다고 믿고 있으며, 그것이 즉시 이루어지지 못했을 때에는 자기 자신과 타인과 세상을 맹렬히 비난하는 생득적인 경향이 있다(Ellis, 1979b).

즉 인간은 자아실현의 긍정적 측면도 타고나지만, 자기 파괴적인 부정적 측면도 타고난다는 것이다.

b. 사회적 측면

인간은 사회적 관계를 떠나서는 살아갈 수 없기 때문에 자기 가치의 많은 것을 사회적 관계에서 충족시키려고 한다. 사회적인 관계를 맺는 가운데 인간은 자신에게 중요한 타인들에게 인정과 사랑을 받고 싶어 하고 또한 상대방을 인정하고 사랑한다. 이렇듯 인간은 자신과 접하는 많은 사람들과 적절히 관계를 맺으면서 살아가려고 하며, 타인과 더 좋은 관계를 맺을수록 더 행복해질 가능성이 있는 것이다. 그러나 자기 자신의 가치 충족을 위해 타인의 인정과 사랑이 중요하지만, 그것이 지나칠 때는 성격에 부정적 영향을 미칠 수도 있다(Ellis, 1979e).

우리가 정서적 장애라고 부르는 것은 흔히 타인들이 생각하는 것에 대해 지나치게 많은 염려를 하는 것과 관계가 있다. 물론 타인들이 우리를 어느 정도 가치 있게 봐주는 것이 중요한 일이지만, 절대적으로 중요한 것은 아니다. 그러나 타인으로부터의 수용의 중요성을 과장하는 우리의 경향성이 흔히 부적절한 정서를 일으키는 원인으로 작용한다는 것이다.

c. 심리적 측면(ABCDE 이론)

Ellis(1974)는 정서적 혼란은 객관적인 사실보다는 그 사실에 대한 생각, 특히 비합리적 생각에서 온다고 하면서, REBT의 성격이론에서 핵심이 되는 ABCDE이론을 제시하였다. ABCDE 이론에서 A(activating event: 선행사건)는 사건·상황·행동 또는 개인의 태도이며, C(consequence: 결과)는 개인의 반응이나 정서적 결과로써, 이 반응은 적절할 수도 있고 부적절할 수도 있다. 그런데 A가 C를 초래하는 것이 아니고, 각 개인의 A에 대한 믿음인 B(belief system: 신념체계)가 C를 초래한다. 따라서 인간은 자신의 정서적 반응이나 장애를 일으키는 비합리적 생각을 어떻게 바꾸는지 그 방법을 내담자에게 제시하는 것이 REBT의 핵심이다. 이 방법이 바로 D(dispute: 논박)인데, 특별히 D는 비현실적이고 검증할 수 없는 자기 파괴적 가설들을 논리로 가르쳐서 포기하게 하는 과학적 방법이다.

Ellis(1962)에 의하면, 성공적인 상담은 비합리적 사고를 계속 논박하여 어느 정도 재교육에 성공하느냐에 의해 좌우된다고 강조하고 있으며, 논박이 성공하면 E(effect: 효과)로써 내담자의 적절한 정서와 적응적 행동이 드러나게 되는 것이다(박경애, 1997).

이상의 ABCDE 모형을 도식화하면 [그림 Ⅱ-1]과 같다.

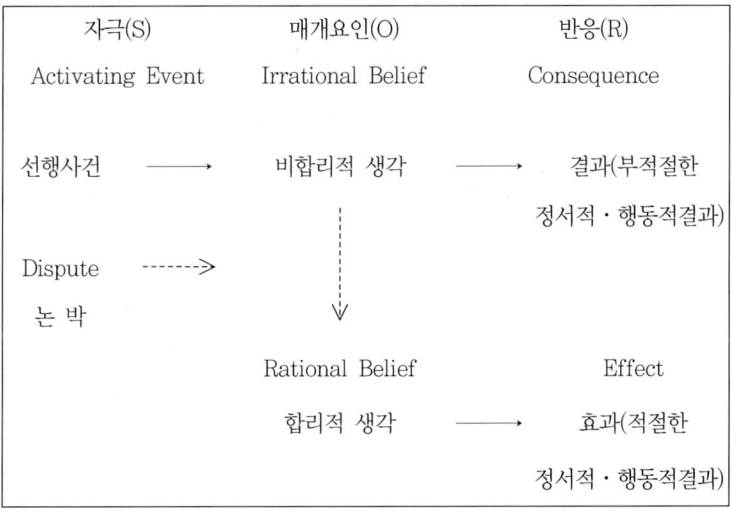

[그림 Ⅱ-1] ABCDE 모형

이제까지 살펴본 바와 같이 REBT의 성격이론은 인간이 합리적일 수도 있고 비합리적일 수도 있다는 가정에서 출발하여서, 인간은 선행 사건을 통해 비합리적 신념을 가질 수 있기 때문에, 그러한 비합리적인 신념을 합리적이고 이성적이며 논리적으로 바꾸는 것이 최종 목표이다. 따라서 REBT에서는 비합리적인 신념을 논박(Dispute)하는 ABCDE모형을 적용하여, 인지적·정서적·행동적 효과를 가져오게 하는 것이다.

4. REBT에서의 비합리적 신념

정서적, 심리적 장애를 초래케 하는 비합리적 신념들은 '비실제적이고 비논리적이며 아무런 근거가 없으면서, 건전한 인간행동을 하는데 지장을 초래하는 신념이나 사고'로 정의된다. 즉, 어떤 사실에 대해 우리가 합리적으로 생각하면 바람직한 정서와 행동을 경험하게 되지만, 비합리적인 생각을 하면 바람직하지 못한 정서와 행동을 경험하게 된다는 것이다. (Ellis, 1962).

인간의 비합리적이고, 미신적이며, 무의미한 사고방식은 계속적인 자기 말(Self-talk)과 자기교화에 의해서 강화되고 긍정될 때, 그 결과로 정서적 혼란이나 신경증이 생긴다. 즉, 꼭…… 을 해야 한다, …… 을 하지 않으면 안 된다, 완전히, 분명히, 크게, 정말, 항상, 혹독하게, 모든, 철저하게, 반드시 등의 완벽주의와 강박관념에서 신경증이 비롯된다. 그러나 하나의 비합리적인 신념이 사고에서 구체적 증상으로 나타나는 것은 아니며, 비합리적 사고나 신념이 복합적으로 작용해서 하나의 증상으로 나타난 것이다.

1970년대에 Ellis(1977b)는 원래 8가지의 비합리적 신념을 제시했는데 나중에 임상적 경험과 더불어 비합리적 사고 3가지를 부가하여 11가지의 비합리적 신념을 구성했다.

첫째, 인정요구(demand for approval)로 자신이 알고 있는 모든 중요한 사람들로부터 사랑받고, 인정받고, 이해를 받아야만 가치 있는 사람이다.

둘째, 의존성(dependency)으로 사람은 다른 사람에게 항상 의지해야만 하고, 의지할 만한 강한 누군가가 있어야만 한다는 믿음이다. 사람은 어느 정도는 타인에게 의존하고 있으나 강한 의존심은 독립성과 개체성, 자아 등의 상실을 가져오게 되며, 대체로 의존적인 사람은 더욱 의존적이 될 뿐만 아니라 의존심이 학습의 실패나 정서적 불안정을 가져오기도 한다.

셋째, 지나친 타인염려(overconcern about others)로 사람은 다른 사람의 문제나 곤란함에 대해 크게 신경을 써야 한다는 믿음이다. 타인의 문제는 자신과 아무런 관계가 없을 때가 많으므로 타인의 문제에 대해 지나치게 심각하게 생각하는 것은 비합리적이다. 타인의 문제에 대해서 흥분하거나 화를 낸다고 해서 그들의 행동을 변화시킬 수 있는 것도 아니고, 오히려 자신이 불안정하게 됨으로써 자신의 희생만을 초래하게 된다.

넷째, 비난 경향(blame proneness)으로 자신에게 해를 끼치거나 악행을 저지르는 사람들은 반드시 비난과 처벌을 받아야 한다는 믿음이다. 이는 선악판단에 대한 절대적인 기준이 없다는 점과 그것이 인간의 비합리적인 편견에 의한 경우가 많기 때문에 비합리적이다. 일반적으로 비난과 처벌이 행동을 향상시키지 못하며, 합리적인 사람은 자신은 물론 다른 사람도 비난하지 않는다.

다섯째, 높은 자기기대감(high self-expectation)으로 자신이 가치롭기 위해서는 모든 영역에서 완벽하게 유능하고, 적절하며, 성공을 거두어야 한다는 믿음이다. 인간은 한계와 약점을 지닌 불안전한 존재로 모든 면에서 성공을 한다는 것은 불가능하기 때문에 비합리적이다. 이를 위한 강박적인 노력은 열등감, 삶에 대한 무력감, 실패에 대한 끊임없는 두려움을 낳게 된다.

여섯째, 좌절반응(frustration reactivity)으로 일이 뜻대로 진행되지 않는다면 이는 끔찍스럽고 아무런 가치가 없다는 믿음이다. 현실적으로 모든 상황이 우리가 원하는 대로만 될 수는 없고 간혹 욕구가 좌절되는 것은 정상적인 것이므로, 그러한 믿음은 비합리적이다. 장기간에 걸친 좌절은 정서적인 혼란을 가져올 수 있으며 합리적으로 대처하는 방법은 상황을 있는 그대로 받아들이는 것이다.

일곱째, 완벽성(perfectionism)으로 모든 문제에는 언제나 바르고 완전한 해결책이 있으며 사람이 그것을 찾지 못하면 큰일이라는 믿음이다. 어떤 문제에 대한 완전한 해결책은 없으며 따라서 이는 비합리적이다. 완전한 해결책을 찾는 일은 끊임없는 고민, 불안을 낳을 뿐이며 합리적인 사람이라면 최선, 혹은 가장 적절한 해결책을 받아들인다.

여덟째, 정서적 무책임(emotional irresponsibility)으로 인간의 불행은 외적인 조건에 의한 것이며 그것을 통제할 수 없다는 믿음이다. 대부분의 장애는 외적인 조건보다는 심리적인 경우가 많다. 정서적 혼란이 어떤 사태에 대한 자신의 평가와 내면화된 언어로 구성된 것임을 알게 된다면 자신의 노력에 의해 통제하거나 바꿀 수도 있다.

아홉째, 문제회피(problem avoidance)로 삶의 어려움이나 자기가 해야 할 책임은 직면하는 것보다 회피하는 것이 더 편하다는 믿음이다. 이는 순간적인 위안은 줄 수 있으나, 자신감의 상실을 포함한 불만과 기타 문제를 일으키기 때문에 비합리적이다. 합리적인 사람은 불필요한 고통스러운 일을 지(知)적으로 피하지만, 해야 할 일은 불평 없이 해치운다.

열 번째, 무력감(helplessness)으로 개인의 과거 경험은 그 사람의 현재 행동을 결정하며 사람은 과거의 영향에서 벗어날 수 없다는 믿음이다. 과거의 경험이나 사태가 현재의 행동을 결정하는 경우도 있지만 반대로 과거에는 필요했던 행동이 현재는 필요하지 않을 수도 있고 과거의 문제해결책이 현재에는 적절하지 않을 수도 있으므로 비합리적이다. 합리적인 사람은 과거가 중요함을 인정하나 과거의 영향을 분석하여 현재의 상태에 임한다.

열한 번째, 과잉불안(anxious over concern)으로 위험하거나 두려운 일이 일어날 가능성을 늘 생각하고 있어야 한다는 믿음이다. 어떤 위험에 대한 발생가능성을 계속 반복적으로 생각하게 되면 그 위험이 실제 이상으로 과장되는 경향이 있으며, 그 결과 개인은 계속적인 불안과 두려움을 갖게 되고 이러한 불안과 두려움은 실제 위험을 대처하는데 방해가 될 뿐 아니라 그 위험을 자초하는 경우가 많다.

이러한 신념들은 상호 중복되어 있기 때문에 각각 독립적으로 어떤 부적응 행동을 유발시킨다고 보아야 할 것이다. 그리고 위 신념은 절대적인 것이 아니며 각 문화권의 특수성에 따라 더해질 수도 빼질 수도 있다(Ellis, 1974).

이상의 비합리적 신념은 논리적으로 모순이 많으며, 경험적 현실과 일치하지 않으며, 삶의 목적 달성에 방해가 되며, 융통성이 없으며, 부적절한 정서와 부적응적 행동을 유동하는 공통성이 있다.

5. 비합리적 신념의 요소

최근에 이론의 변화(Bernard and DiGiuseppe, 1989; Ellis and Dryden, 1987)로 Ellis(1989; 1994 Ellis and Dryden, 1987)는 모든 정서적 장애가 한 가지 뿌리를 공유하고 있으며, 그 뿌리는 바로 당위성이라고 주장하고 있다. 경직되어 있고 교의적(敎義的)인 사고는 모든 정신병리의 핵심이라고 본다. 따라서 절대적이고 당위적인 사고는 인간 문제의 근원이라고 본 것이다(Ellis, 1979b).

당위적인 사고는 모든 비합리적 사고의 핵심이 되어 비합리적 사고 과정(과장적 사고, 인간비하적 사고, 낮은 인내성)은 당위성으로부터의 논리적 파생이라고 생각된다. 비합리적인 생각의 핵심적인 요소를 살펴보면 다음과 같다(박경애, 1997).

a. 당위적 사고

영어의 must나 should로 표현되는 당위적 사고는 요구에 의한 표현으로 드러난다. Ellis(1979b)는 절대적이고 당위적인 사고는 인간 문제의 근원이라고 본다. 각 개인의 기본적인 세 가지 불합리한 신념은 다음과 같다.

1) 자신에 대한 당위: 나는 반드시 훌륭하게 일을 수행해 내야하며, 중요한 타인들로부터 인정받아야만 한다. 만일 그렇지 못하면 이는 끔찍하고 참을 수 없는 일이며 나는 썩어빠진 하찮은 인간이다.

2) 타인에 대한 당위: 타인은 반드시 나를 공정하게 대우해야 하며, 만약 그렇지 못하다면 그것은 끔찍하며 나는 그러한 상황을 참아낼 수 없다.

3) 세상에 대한 당위: 세상의 조건들은 내가 원하는 방향으로 돌아가야만 한다. 만약 그렇지 못하면 그것은 끔찍하며, 나는 그런 끔찍한 세상에서 살아갈 수 없다.

인간이 위의 세 가지 기본적 당위적 사고를 가지게 되면, 장애가 반드시 따르게 된다고 하겠다.

b. 과장적 사고, 인간 비하적 사고, 낮은 인내성

Ellis는 인간이 위 세 가지 기본적인 당위에 찬성해버리면 장애는 저절로 수반되며, 당위적 사고가 모든 비합리적 사고의 핵심이 되어 과장적 사고, 인간 비하적 사고, 낮은 인내성이 파생된다고 보고 있다.

1) 과장적 사고: 과장적 사고는 현실을 있는 그대로 직시하기보다는 훨씬 더 과장해서 생각한다. 「～이 끔찍하다」, 「～하면 큰일 났다」 등의 표현으로 드러난다. Ellis는 Awfulizing이라는 용어를 사용하였다.

2) 인간 비하적 사고: Ellis는 원래 인간의 가치에 대한 총체적 평가(globalrating of human worth)라는 용어를 사용하였다. 대체로 사람들은 잘못된 한 가지 행동을 가지고 자기 자신의 가치 또는 타인의 가치를 평가하는데, 그 형태가 자기 비하 또는 타인비하로 드러나는 경향이 있다.

3) 낮은 인내성: Ellis는 Low Frustration Tolerance(LFT)라는 용어를 사용하였으며, 욕구좌절이 되는 상황을 충분히 참지 못하는 경우이다.

당위적 사고에서 파행한 비합리적 생각의 요소는 [그림 Ⅱ -2](박경애, 인지ㆍ정서ㆍ행동 치료, 1997)와 같다.

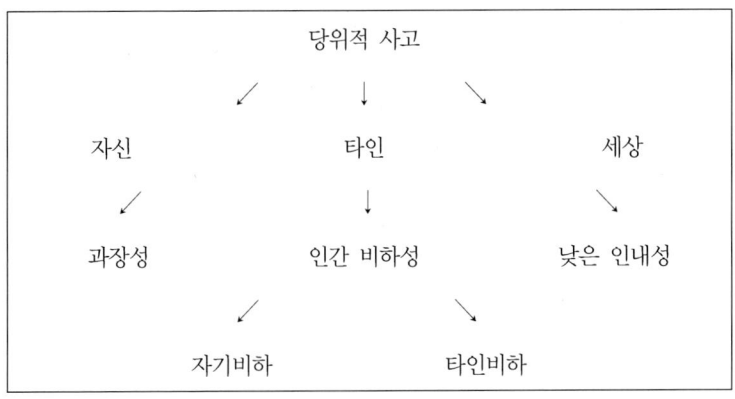

[그림 Ⅱ-2] 당위적 사고에서 파생한 비합리적 생각의 요소

[그림 Ⅱ-2]에서와 같이, 당위적 사고에는 자신과 타인, 세상에 대한 당위적 사고가 있다. 먼저 자신에 대한 당위적 사고는 과장성을 파생시킨다. 타인에 대한 당위적 사고는 인간 비하성을 파생시키며, 그 형태는 자기 비하, 타인 비하로 나타날 수 있다. 세상에 대한 당위적 사고는 낮은 인내성으로 나타난다.

C. 진로 상담

1. 진로 상담의 정의

진로(career)란 생애·경력·직업 등으로 해석이 되지만, 일반적으로 개인의 장래·미래에 대한 전망 등으로 인식된다. 또한 진로란 생애직업발달과 그 과정 내용을 가리키는 포괄적인 용어이다. 그래서 누구나 자신의 앞날이 어떻게 전개되고 이루어질 것인가에 대하여 희망도 가져 보고 고뇌와 회의도 느낀다. 한편으로 현대사회의 급격한 변화와 변모 속에서 어떻게 적응할 것인가에 대한 불확실한 전망 속에 매우 걱정도 하면서 고민에 빠지게 된다. 따라서 개인의 진로문제가 가장 중요한 이슈로 등장한 현대 산업사회에서 생존하기 위해서는, 적합한 진로 선택에 관심을 가지고 지도하지 않을 수 없는 것이다.

진로 상담은 진로 교육의 이론과 실제를 현실 적응에 필요한 실천적 활동으로 학생들의 정의적 성숙과 진로 발달의 과정을 도와주는 체계적이고 전문적인 활동이다(김충기, 1998). 진로 상담은 진로(진학·직업·생애)와 관련하여 전문적인 면담의 조언활동으로 개인의 진학·직업·학업·성격·여가 등이 주요 관심의 내용이 된다. 초창기의 진로 상담은 상담자가 단순히 내담자에게 여러 가지 표준화된 각종 검사를 실시하고 그 결과에 따라 부합되는 직종을 연결시켜 주는 것이 주된 활동이었다.

그러나 산업사회의 발달과 직업 환경의 변화, 현대사회의 다양화와 전문화, 개인의 특성과 직업 연결의 비인간성 등과 같은 다양한 변수에 직면할 가능성 때문에, 이들을 포함한 그 이상의 노력과 계획적인 지도가 요청되고 있다. 따라서 개인의 진로와 관련된 사항은 더욱 범위가 넓어져서, 학업뿐만 아니라 개인의 감정·정서·사고·이상·태도의 변화 등을 포함하게 되었다.

진로 상담은 개인으로 하여금 자기 자신에 대하여 좀 더 정확한 이해를 할 수 있게 하고, 일의 세계를 포함한 주변의 환경에 대하여 보다 명백하고 체계적이며 합리적인 이해를 할 수 있게 한다. 이와 같은 주관적·객관적 이해를 통합하여 내담자 (학생·직업인)의 문제를 해결하고 진로에 관한 계획과 수립, 그리고 선택에 조력하는 것이다.

진로 상담은 개인이 당면하는 진로 목표나 진로문제의 해결과 적응을 도와 개인이 원만한 인격적 통합이 이루어지도록 도와주며, 상담자와 내담자 사이의 인간관계는 진로문제의 해결을 위한 필수적인 조건이 된다. 나아가서 상담자는 내담자가 자아와 효과적인 의사 결정, 계획, 그리고 계속적인 계획의 실천에 필요한 직업의 세계에 관한 정보를 얻고 조정하여 적용하도록 도와주어야 한다.

2. 진로 상담의 목적

진로 상담의 목적은 자신의 진로를 객관적이고 합리적인 경로를 통하여 정확하게 인식하도록 도와주는 데 있다. 다시 말하면 진로 상담과 지도를 통하여 개인이 자신을 정확히 이해하고 주위 여건을 충분히 고려하면서 자신에게 적합한 진로를 계획하고 선택하여 이를 개척해 나감으로써, 자기 자신 및 사회의 역군으로서 공헌할 수 있는 기틀을 마련해 주는 데 있다. 그 구체적 목표를 제시하면 다음과 같다(이정근, 1997).

a. 자아개념의 구체화: 일반적으로 자아개념이란 한 개인이 자신의 능력·인간특성·적성·흥미·대인관계·외모 등에 대하여 갖는 이미지를 뜻하는데, 대부분의 경우 자신의 이미지를 비현실적으로 생각하는 경우가 많다. 따라서 진로 상담을 통하여 정확하고 현실적인 자신의 이미지를 형성하도록 도와줄 필요가 있다.

b. 일의 세계에 대한 이해: 일의 종류, 직업세계의 구조, 직업세계의 특성, 변화하는 직업의 요구조건과 필요한 기술, 고용기회 및 경향, 피고용자와 고용자와의 관계 등에 관하여 이해시켜야 한다. 이는 진로 상담만을 통해서는 구현하기 어렵기 때문에, 별도의 자료와 시간을 할애하여 체계적으로 이해시켜야 한다.

c. 진로계획에 대한 책임감: 인간은 자신의 진로를 스스로 계획하고 추구하여 나갈 권리와 의무가 있음을 인식시켜 준다. 이러한 인식을 굳히기 위해서는 주기적으로 진로 상담을 실시하여 자신의 앞날을 스스로 계획함으로써 그만큼 선택의 자유가 보장되고 아울러 선택의 폭이 확장된다는 점을 인식시켜야 한다.

d. 의사 결정 능력: 자신의 진로를 현명하게 계획하고 이를 추진하기 위해서는 상황을 정확히 판단하고 최선의 것을 선택할 수 있는 수준 높은 의사 결정 능력이 요구된다. 이러한 능력을 신장시켜 주기 위해서는 의사 결정을 할 때 고려해야 할 요소, 결정의 우선순위, 필요한 정보 등을 제공하고 연습하도

록 도움을 준다. 그러나 최종 결정은 언제나 내담자가 스스로 하도록 배려되어야 한다.

e. 협동적인 사회행동: 일이란 대부분의 경우 다른 사람과 함께 하기 마련이므로, 이들과 협동적인 관계가 유지되어야 일의 효율성이 증가한다. 따라서 진로 상담 과정에서도 협동적인 사회행동의 중요성을 강조하고, 이러한 능력이 신장되도록 각종 교육을 통하여 지도한다.

f. 일에 대한 태도: 일에 대한 태도는 상담을 통하여 개선될 확률이 상당히 희박하다. 그러므로 이는 가정생활과 학교 교육을 통하여 올바르게 형성되어야 하며, 진로 상담에서는 이를 확인하는 정도에서 그쳐야 한다. 그러나 이 세상에 존재하는 합법적인 일은 모두 가치가 있는 것이며, 그로부터 우리가 혜택을 받고 있다는 점을 강조하여 일에 대한 긍정적인 태도를 형성하도록 도와주어야 한다.

또한 진로 상담의 목표를 다음의 다섯 가지로 구분할 수 있다(김충기, 1998).

첫째, 진로 상담은 내담자가 이미 결정한 직업적인 선택과 계획을 확인하는 과정이다.

둘째, 진로 상담은 개인의 직업목표를 명백히 해주는 과정이다.

셋째, 진로 상담은 내담자로 하여금 자아와 직업세계에 대한 이해와 새로운 사실을 발견하도록 도와준다.

넷째, 진로 상담은 내담자에게 의사 결정 능력을 길러주는 것이다.

다섯째, 진로 상담은 직업선택과 직업생활에서의 능동적인 태도의 함양에 있다. 진로를 선택할 때에 우리는 흔히 외부 조건에 큰 비중을 둔다.

따라서 위 내용을 종합하여 진로 상담의 목적을 정의하면, 자신의 진로를 객관적이고 합리적인 경로를 통해 정확하게 인식한 후 효과적인 진로 계획을 수립하고 이를 적극적으로 달성하여 사회에 기여하고 자기를 실현하게 하는 것이다.

3. REBT와 진로 상담

REBT가 우울증 등 심리적 장애에 미치는 효과에 관한 연구는 다각도로 활발히 진행되어 그 효과를 입증한 바 있다. 그러나 REBT를 활용한 진로 상담은 현재까지 시도된 적이 없었다. 이는 진로 상담과 심리 상담이라는 양대 심리 상담의 두 산맥이 결합되어, 개인의 심리 치료를 통한 효과적인 진로 상담이라는 궁극적인 목표로 나아가지 못하고, 두 상담이 별개로 취급되어 오는 현 상담계 현황의 반영이라고 해석할 수 있을 것이다. 그러나 REBT적 접근에서도 이제 진로 상담의 영역에서 뿌리를 내려야 한다는 필요성에서 본 연구를 시도하게 되었다. 이러한 연구의 출발은 REBT에서 강조하는 비합리적 신념의 교정 작업이 합리적 신념을 통해 건전한 진로 발달을 이룩할 수 있다는 추론에서였다.

실제로 왕가년(1996)은 고교생과 대학생 대상의 연구에서 비합리적 신념이 높은 학생이 진로성숙도가 낮음을 밝혔다. 비합리적 신념은 생득적으로 타고난 경향성이 있고 문화·사회적 영향을 받는다는 Ellis(1979b)의 주장과, 진로 태도 성숙도도 마찬가지로 문화·사회적 영향을 받는다는 주장(Cheatham, 1990; Fouad, 1988; Gati, Krausz, & Osipow, 1996)에 근거하여, 비합리적 신념을 수정하고 합리적 신념으로 대치하는 REBT를 적용한 진로 상담 프로그램 연구는 진로 발달에 큰 의미가 있을 것이라고 추측해볼 수 있는 것이다.

4. 진로 지도를 위한 집단 상담

a. 진로 집단 상담의 의의와 목적

진로 발달 상담은 개인 상담에 의한 경우보다는 집단 활동을 구조화한 상담 프로그램을 통해서 이루어지는 경우가 많다. 그 이유는 첫째, 직업적인 문제는 모든 학생이 일정한 시기에 당면하는 문제이며 거의 예외 없이 적절한 도움을 필요로 하기 때문이다. 둘째, 많은 학생들이 직업의 계획이나 선택을 중심으로 한 공통적인 문제를 가지고 있기 때문이다. 셋째, 학생들이 가지는 직업적 문제의 대부분은 적절한 자료를 제공함으로써 해결되어 질 수 있는 문제이며, 개인적인 상담과 조언을 필요로 하는 정서적인 문제의 개입이 비교적 덜 하기 때문이다. 즉, 직업에 대한 공통적인 문제를 가지고 있는 많은 학생을 일시에 다루어야 하기 때문에 대체로 집단 활동에 의존하게 되는 경우가 많은 것이다.

집단 활동의 의미를 인정하고 잘 세워진 계획에 의해 적절히 운영된다면 개인 상담 이상의 효과를 거둘 수가 있다. 집단 활동의 의미나 기능은 의심할 바가 없으나, 문제는 어떠한 활동을 어떻게 진행시키느냐에 따라서 집단 진로 활동의 목적을 효과적으로 달성할 수 있는지 여부가 결정된다.

5. 대학에서의 진로 지도

진로 교육의 일환으로 성공적인 삶의 계획을 실천하기 위해서는 진로 상담의 과정을 거치는 것이 바람직하다. 전문가인 진로 상담 교사라든가 학급담임교사 또는 일반 학부형, 학생들까지도 진로 결정을 위한 방편으로 다음과 같은 내용을 깊이 사전에 인식하고 방향설정에 도움이 되도록 진로 지도의 단계를 포괄적으로 이해하여야 한다.

일반적으로 Tolbert(1980)의 진로 발달단계에 따르면, 일생의 과정은   성장기(환상기·흥미기·능력기)→탐색기(잠정기·전환기·시행기)→확립기(시행기·안정기)→유지기→쇠퇴기로   분류하고 있다. 이것을 우리나라의 학교제도와 결합시켜 각 학교·학급별 단계와 연결시켜 보면 [그림 Ⅱ-3]과 같이 진행된다.

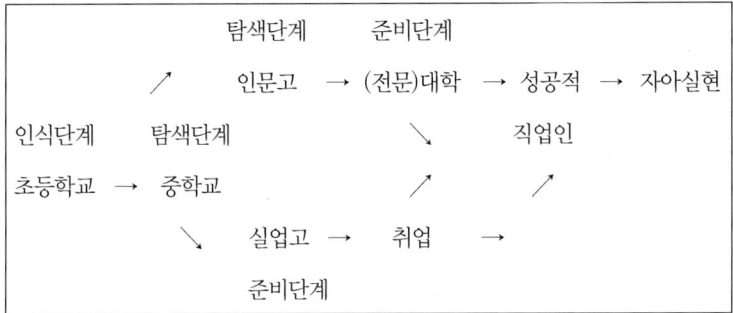

[그림 Ⅱ-3] 진로 지도의 단계(김충기, 1998)

[그림 Ⅱ-3]에서 보듯이, 초등학교는 진로 인식단계에 해당하고, 중학교는 자기에게 적합한 진로를 탐색하는 탐색단계에 해당한다. 고등학교는 인문계 고등학교와 실업계 고등학교인 두 가지 갈래로 나누어진다. 인문계 고등학교는 계속해서 진학을 위한 진로 탐색 단계에 해당하지만, 실업계 고등학교는 완성교육인 진로 준비단계에 해당한다. 그리고 전문대학과 대학교는 준비단계로 간주한다. 실업계 고등학교도 개인의 노력과 의욕에 따라 준비단계이긴 하지만, 대학에 진학할 수 있으며, 취업 후에도 개인적으로 얼마든지 진학할 수 있는 제도로 되어 있다.

앞에서 이미 언급한 바와 같이 이상적인 진로 방향은 진로인식단계→진로탐색단계→진로준비단계→취업(직업선택)→직무수행→성공적 직업인→행복한 인생→자아실현의 수단이 되어야 하는 것이다.

진로 준비단계인 대학에서의 진로 지도의 목적은 학생들로 하여금 전문적 전공분야에서 구체적으로 전문 직업과의 연계성 있는 지식과 특수 기술을 준비·개발시키는 것이다. 그리고 장차 피고용인으로서의 의미 있는 생활을 영위할 수 있는 인간관계 형성, 직업인으로서의 긍지와 보람, 직업관 및 직업윤리의 이해와 습득, 인간교육, 가치관 확립을 위한 준비 과정이다. 구체적으로 제시하면, 첫째, 전공 분야 선택에서의 조력 둘째, 자기평가-분석의 조력 셋째, 일의 세계 이해에 대한 지도 넷째, 의사 결정 능력의 조력 다섯째, 직업 세계 접근의 조력 등으로 나뉘어진다(Herr & Crammer, 1979).

일반적인 생각으로 중·고등학교에서는 필요할는지 모르나, 대학생에게까지 진로 지도를 실시할 필요성이 있느냐고 반문할 것이다. 여러 번의 각급 학교별 선발과정을 통하여 대학까지 왔으면 별로 문제가 없을 것이라고 생각하고, 대학에서의 진로 지도를 소홀히 여기는 경우가 많다.

이러한 사고방식의 연장으로, 대학은 학문과 진리를 탐구하는 곳이므로 학문에만 열중하면 된다는 사고방식은 크게 위험한 착상이다. 대학의 현실적 여건이나 앞으로의 발전 추세를 전망해 볼 때 인생행로에서 만족하고 현명한 선택을 위한 진로 지도와 취업지도는 대학생활에서 절대적으로 필요하다.

대학에서 진로 지도가 필요한 구체적인 이유는 다음과 같다.

첫째, 고학력 추세에 따라 학생들의 의사 결정 시기가 중등학교에서부터 대학으로 연기되고 있다. 둘째, 고등학교에서의 진로 지도 부재가 대학의 진로 지도 수요를 촉발한다. 셋째,

노동시장의 다양한 변화가 진로 지도를 필요로 한다. 넷째, 학문의 분화와 통합이 진로 지도의 수요를 유발한다. 다섯째, 대학의 인간교육 부재가 진로 지도의 필요성을 제기한다. 여섯째, 졸업 후의 진로계획을 위한 사전지도가 요청된다.

이상을 정리하면 정보화 시대를 맞이하여 직업세계의 전문화·다양화에 따른 선택의 문제와 취업정보의 결여, 진로 상담의 제도적 장치나 행정·재정적인 지원의 미흡, 장래 진로 선택을 위한 준비과정의 미비 등의 현 대학 실정은 대학에서의 진로 지도나 취업지도를 요구하는 것이다.

D. 선행 연구 고찰

본 연구와 관련된 선행 연구들은 진로 일반 연구, REBT연구, 자기 효능감과 진로, 대인관계와 진로, 진로 태도 성숙, REBT와 진로로 유형화 시켜서 고찰해 볼 수 있다. 본 연구와 직·간접으로 관련된 선행 연구를 고찰하면 다음과 같다.

1. 진로 일반 연구

최근 진로 연구에서는 진로인식, 진로 의사 결정, 진로 성숙, 진로 만족 등 다양한 변인과 관련한 개별적 연구가 이루어지고 있다. 한편 진로 탐색 집단 상담을 통한 연구가 활발히 이루어지고 있어서 고무적이다.

개별적인 연구 결과는 다음과 같다.

Johnson(1991)은 전국 진로 발달 지도 프로그램에 근거해서 진로 지도 프로그램을 평가하였다. 연구의 대상은 콜롬비아 지역구에 있는 학교의 4, 5, 6, 10, 12학년 학급이었다. 이 연구에 참여한 대부분의 부모들은 직업 계획, 진로 결정, 직업에 대한 지식, 자기 인식에서 자신의 자녀들이 발전하였음을 인정하였다. 이러한 연구 결과를 토대로 학교 안팎에서 기본 기술 개발의 동기를 유발시킬 수 있는 매력적인 역할 모형과 실제적인 진로인식 프로그램의 적용을 강조하였다.

Pelletti와 Dale(1976)은 중학교 2학년 실험집단이 진로 계획 관여에서 통제집단보다 의미 있게 높았으나, 진로 계획 지식과 직업 특성에서 의미 있게 낮았다고 보고하였다.

Seely(1990)는 독자적인 프로그램을 설계해서 학업성적에서 늘 낙제 점수를 받는 학생들의 문제점을 개선하는 연구를 수행하였다. 이 연구에 이용된 Project Trio 프로그램은 학업 성적이 낮은 학생들을 구제하는 프로그램과 구체적인 활동으로 구성되었다. 이 연구는 3~4년간의 종단적인 연구를 통해 통계적으로 유의미한 효과를 나타냈고, 그 측정치는 학교생활 기록부의 점수, 출석, 성적, 평균, 수학점수 등급, 적령기를 넘은 학년, 낙제 방지 프로그램 선택에 중요한 판정 자료로 이용되었다.

Silva(1990)는 진로 인식 프로그램을 투입해서 비참여자, 도시 내 5, 6학년 남학생, 여학생 집단의 태도와 진로 지식의 차이를 알아보았는데, 통계적으로 유의미한 차이를 보이지는 않았다.

Taylor(1993)는 테네시 주에 있는 초등학교 4학년 남자 10명과 여자 11명을 임의로 선정하여 진로 인식 프로그램의 효과를 검증하는 연구를 하였다. 연구 결과 실험집단의 사전검사와 사후검사 간에 의미 있는 차이가 있음을 보고하였다.

김현옥(1989)은 청소년의 진로성숙과 관련변인과의 상관연구에서 진로성숙과 가장 상관이 있는 변인은 지능으로 나타나며, 자아개념 하위변인 간의 상관은 P<.001 수준에서 유의한 것으로 나타났다.

정채기(1991)는 「진로결정 척도(ACDM)」의 타당화 작업을 하면서, 자아개념이 높을수록 진로결정의 유형이 합리적이며 그 결정 수준이 높음을 밝혀냈다. 또 목표지향성, 자기수용, 대인 역할기대 및 대인관계 등의 순으로 진로결정의 유형과 그 결정 수준에 대한 예언의 기여도가 높으며, 내적 통제성과 진로 결정의 유형도 높은 상관을 보여주고 있다.

노경희(1992)는 진로탐색 집단 상담이 중학교 2학년, 고등학교 1학년 학생들의 진로의식을 성숙시키고 자아개념을 긍정적인 방향으로 변화시키는데 효율적이었음을 보여주고 있다.

조수경(1995)은 진로탐색 집단 상담이 진로 의식의 성숙을 가져오며, 학습동기간에는 남녀 간에 차이가 없음을 나타낸다. 또 진로 탐색 프로그램의 기간은 효과 면에서 차이가 없음을 밝혔다.

김정혜(1996)는 대학생의 성별, 학년별 진로 성숙도 수준은 유의한 차이가 없으며, 성공회피동기 수준에서도 성별, 학년별 차이가 없고, 진로 성숙도와 성공회피동기 사이에는 약간의 정적 상관이 있음을 밝혔다.

신철(1997)은 초등학생을 대상으로 한 진로인식과 자아개념과의 연구에서 자아 존중감이 높을수록 진로인식 점수가 .001 수준에서 유의하게 높음이 밝혀졌다.

김연미(1997)는 진로탐색 집단 상담이 자아정체감 증진에 효과가 있고, 진로 성숙도 향상에도 효과가 있음을 보였다. 또한 자아정체감과 진로성숙도의 상관관계를 밝혀내고 있다.

이영숙(1997)은 자아개념과 진로성숙은 유의미한 정적 상관이 있으며, 학업성취도와 진로성숙 간에도 유의미한 정적 상관이 있음을 보여주고 있다. 또한 부모의 교육 수준이 높을수록 진로성숙 수준이 높으며, 아버지의 직업 유형은 진로 성숙에 영향을 주지 않지만, 어머니가 직업이 없는 경우에 진로 성숙 수준이 더 높은 것으로 나타났다.

이희자(1998)는 현실상담요법을 통한 진로 교육이 자아인식을 높이는데 효과적이며, 의사 결정 능력, 취업기본 능력 향상에서도 효과적임을 밝혀냈다.

이상의 선행 연구는 진로 성숙과 가장 상관있는 변인은 지능으로 나타났고(김현옥, 1989), 자아개념도 상관이 높은 것으로 나타났다(김현옥, 1989; 신철, 1997; 이영숙, 1997). 진로탐색 집단 상담을 통한 진로 연구들도 많은데(노경희, 1992; 조수경, 1995; 김연미, 1997; 이희자, 1998), 이러한 집단 상담이 학생들의 진로 의식을 성숙시키고 긍정적 자아개념, 의사 결정 능력 등을 고취시키는 것을 나타났다.

2. REBT 관련 연구

최근 10여 년에 걸쳐 REBT이론을 포함한 인지행동 치료 관련 연구가 부각되기 시작하였다. 인지행동 치료 관련 연구들은 크게 부적절한 정서와 행동의 원인이 되는 비합리적 신념에 관계된 여러 변인에 대한 연구(이영애, 1989; 장성수와 송준호, 1994; 정구범, 1985; 박재황, 1981; 김준희, 1995; 정윤자, 1996; 김진숙, 1998; 최귀화, 1998; 이훈진, 1999; Goldfried 1974; Sobocinski, 1975; Fox & David, 1971)가 있고, 인지행동 치료를 적용한 상담 프로그램의 효과성(변호근, 1995; 이용진, 1997; 정영선, 1997; 방성숙, 1997; 김성자, 1998; 이병희, 1999; 권호인, 1999) 검증 연구가 있다. 이를 구체적으로 검토하면 다음과 같다.

외국의 선행 연구를 살펴보면, Fox와 David(1971)는 부적응 증세를 보이는 사람이 정상적인 사람보다 높은 비합리성을 보이는 것으로 나타났고, Goldfried(1974)와 Sobocinski(1975)는 비합리적 신념이 정서적 불안과 관계가 있다고 했다.

Lent와 Russell(1978)은 시험 준비와 보는 방법 위주의 공부 방법과 근육긴장 통제 위주의 둔감법을 활용하여 시험불안을 치료하였다. 내담자들은 체계적 둔감법과 공부방법을 통해서 이완하고 시험보기와 관련 있는 불안장면 위계에서의 항목들을 시각화하게 된다. 내담자들은 불안위계표에서 가장 낮은 단계에 있는 항목부터 시각화하여 이완하게 된다.

Little과 Jackson(1974)은 인지 요법과 이론 훈련으로 시험 불안을 감소하고, 연습으로 시험을 보게 함으로써 시험을 잘볼 수 있게 하였다. 이들은 시험 불안을 유발하는 걱정요인을 주된 요소를 생각하고 있다. 걱정요인의 예로서, '나는 이것을 할 수 없어!', '낙제될 거야', '이번 시험은 공평하지 않아', '우리는 결코 이것을 공부할 수 없어' 등과 같은 생각들이다. 결국 이들은 비합리적 생각에서 벗어나게 하고 생산적으로 시험보기 과제를 수행하게 하는데 역점을 두게 되었다.

Leal 등(1981)은 시험 불안 내담자들에게 체계적 둔감법과 인지 요법을 활용하여 효과성을 평가하였다.

이영애(1989)는 자기 존중감과 비합리적 신념은 부적 상관이 있어서, 자기 존중감이 높을수록 비합리적 신념이 낮은 것으로 나타나고 있다.

장성수와 송준호(1994)는 초등학교 학생들의 비합리적 신념과 부적응 행동이 관계있는 것으로 밝혔다.

정구범(1985)은 정상집단과 부적응 집단 간의 비합리적 신념의 차이를 연구하였는데, 부적응 집단의 학생이 정상집단의 학생보다 더 많은 비합리적 신념을 갖고 있음을 보고하였다.

박재황(1981)의 비행청소년과 정상청소년의 비합리적 신념 차이 연구에서도 비행 청소년이 정상 청소년보다 더 많은 비합리적 신념을 갖고 있음을 보고하였다.

김준희(1995)는 비합리적 신념이 높을수록 정신 건강이 좋지 않으며, 정신건강 전반에 영향을 미치는 중요한 비합리적 신념 차원은 과잉불안염려, 정서적 무책임, 인정에 대한 욕구라는 것을 밝혔다.

변호근(1995)은 RET[2] 상담에 참여한 아동이 활동성, 사회성, 안정성이 높게 향상된 것으로 나타나, RET 상담 기법이 아동들의 긍정적인 성격 변화에 영향을 주고 있음을 보여 주고 있다.

정윤자(1996)는 초등학교 아동을 대상으로 비합리적 신념과 불안과의 관계 연구에서 비합리적 신념 수준이 높을수록 불안감의 정도가 증가함을 밝혔다.

이용진(1997)은 RET 상담 프로그램이 아동들의 가치관을 의미 있게 긍정적으로 변화시키고, 아동들에게 내재된 비합리적인 가치관을 합리적인 가치관으로 변화시키는데 긍정적인 효과가 있음을 보여주고 있다.

정영선(1997)은 RET 집단 상담 프로그램이 대학생의 적응요인에서 긍정적인 변화를 보였고, 학교, 성격, 이성에서 의의 있는 긍정적인 변화를 나타냈다.

방성숙(1997)은 인지상담은 역기능적 식이태도를 개선하는데 기여할 수 있음을 밝혔다.

김진숙(1998)은 불안과 비합리적 신념 간의 관계에서 비합리적 신념이 높을수록 불안이 높음을 밝혔다.

김성자(1998)는 REBT 집단 상담이 고등학생의 학교생활태도에 긍정적인 영향을 미치는 것으로 나타났다.

---

2) REBT의 이전 명칭.

최귀화(1998)는 청소년의 비합리적 신념과 정신건강은 매우 밀접한 관계를 보이는 것으로 나타났고, 우리나라 현재 청소년들은 비합리적 신념을 많이 가지고 있어서, 정신 건강 면에서 우려할 만하다고 지적하고 있다.

이병희(1999)는 REBT 집단 상담이 중학생의 스트레스 경험 수준을 감소시키는데 효과가 있음을 보이고 있다.

이훈진(1999)은 초등학교 학생을 대상으로 한 비합리적 신념과 학교생활과의 관계 연구에서 비합리적 신념이 높을수록 학교생활에의 적응이 낮음을 밝혔다.

권호인(1999)은 폭식 행동을 보이는 여대생에게 인지행동 집단 치료가 효과가 있음을 밝혔다.

이상의 REBT연구는 비합리적 신념과 자기 존중감, 부적응 행동, 비행, 정신 건강, 불안 등의 변수의 부적 상관을 밝힘으로써, 비합리적 신념의 교정이 필요함을 역설한 연구들과 REBT 상담 프로그램으로 폭식, 불안, 우울 등의 역기능의 개선, 학교 적응 등에서의 정적 효과 등을 보여주고 있다.

3. 자기 효능감과 진로

자기 효능감의 원천인 자아개념이나 자아 존중감이 진로에 미치는 영향을 밝힌 논문들은 다음과 같다.

진로성숙과 자아개념 및 자아 존중감 관계에 대한 많은 연구들

(Barrett & Tinsley, 1976; Dillard, 1976; Holland, 1981; Korman, 1967; Super & Crites, 1962; 김원선, 1990; 박현주, 1998; 윤정혜, 1992; 장석민 외 1986; 추세령, 1996)이 상관관계의 연구에 관심을 가져왔다. 또한 대부분의 선행연구들이 학생들의 자아개념을 높여줌으로써 현명하고 합리적인 진로 선택 및 의사 결정을 하도록 도울 수 있음을 시사하고 있다(Bedeian, 1977; Nand Kisher, 1981; Northcutt, 1987; Torres, 1986; 김충기, 1983; 김현옥, 1989; 신철, 1997; 이기학, 1997; 이승국, 2000; 장석민외, 1986 정채기, 1991).

정채기(1991)는 「진로결정 척도(ACDM)」의 타당화 작업을 하면서, 자아개념이 높을수록 진로결정의 유형이 합리적이며 그 결정 수준이 높음을 밝혀냈다. 신철(1997)은 초등학생을 대상으로 한 진로인식과 자아개념과의 연구에서 자아 존중감이 높을수록 진로인식 점수가 .001 수준에서 유의하게 높음이 밝혀졌다.

김연미(1997)는 진로탐색 집단 상담이 자아정체감 증진에 효과가 있고, 진로 성숙도 향상에도 효과가 있음을 보였다. 또한 자아정체감과 진로성숙도의 상관관계를 밝혀내고 있다.

박현주(1997)는 자아 존중감과 내적 통제성, 진로성숙도 간에는 유의미한 정적 상관이 있는 것으로 나타났고, 인문계 학생들이 실업계 학생들보다 자아 존중감이 유의미하게 높은 것으로 나타났다.

이승국(2000)은 중등학생 개인의 내·외적 변인과 진로 발달 태도 수준에서 가정적 자아가 진로 태도 수준에 영향을 주고 있음을 밝히고 있다.

자기 효능감과 진로와의 관계를 직접적으로 다룬 연구는 다음과 같다.

남미숙(1998)은 남성 중심 직업에서는 남학생의 진로 자아 효능감이 더 높고, 여성 중심 직업에서는 여학생의 진로 자아 효능감이 더 높다. 초등학생의 경우 여학생의 진로 자아 효능감이 더 발달되었으며, 진로 자아 효능감은 사회적 환경에 따라 큰 차이가 나타나며, 학업 성적도 진로 자아 효능감에 영향을 미친다.

김남규(2000)는 진로 흥미에 가장 큰 기여를 하는 주된 독립변인은 결과기대감이고, 다음이 자아 효능감이라고 밝히고 있다.

이기학·이학주(2000)는 진로 자기-효능감 총점과 진로 태도 총점 및 하위 5개 요인은 정적인 상관을 보인다.

이상에서 자기 효능감 향상은 진로 성숙, 발달에 영향을 끼침을 알 수 있고, 인지행동 치료 진로 상담이 자기 효능감 향상과 진로 성숙, 발달에 영향을 미칠 것을 추론해볼 수 있다.

4. 대인관계와 진로

대인관계에 대한 일반적인 연구로 성락인(1991)은 대인관계 문제 해결 기술 훈련이 대안적 사고 능력과 결과적 사고 능력 향상에 효과가 있음을 밝히고 있다.

또 변호근(1995)은 RET 상담에 참여한 아동이 활동성, 사회

성, 안정성이 높게 향상된 것으로 나타나, RET 상담 기법이
아동의 사회성, 즉 대인관계 향상에 영향을 줄 수 있음을 시사
하고 있다.

정채기(1991)는 「진로결정 척도(ACDM)」의 타당화 작업을 하
면서, 대인 역할기대 및 대인관계도 진로결정의 유형과 그 결
정 수준에 대한 예언의 기여도가 높음을 보여주고 있다.

이상에서 REBT 진로 상담이 대인관계 능력을 향상시키고,
아울러 진로 발달에도 영향을 미침을 추론해볼 수 있다.

5. 진로 태도 성숙

진로 태도 성숙과 관련된 연구로는 진로 태도 성숙과 여러
변인과의 관계를 살핀 논문들이 있다. 개별적인 연구 결과들은
다음과 같다.

이기학(1993)은 중·고등학생을 대상으로 직업태도 성숙과
개인적 특성 중 성, 내신 성적, 직업 가치, 지적 능력이 유의미
한 상관을 보인다고 했다.

이기학(1997)은 고등학생을 대상으로 진로 태도 성숙과 심리
적 변인들과의 연구에서 자신이 선택한 진로의 성공가능성에
대한 확신 정도를 나타내는 확신성 차원과 자아 존중감과는
.52의 높은 정적 상관을 보이고 있다.

이기학·한종철(1998)은 일반적으로 진로 태도 성숙 정도는
여학생이 남학생보다 높지만, 하부로 들어가서 목적성과 준비

성에서는 여학생이, 확신성과 독립성에서는 남학생이 더 높은 진로 태도 성숙을 보인다. 계열별로는 인문계에서 더 높은 진로 태도 성숙을 보이며, 자아 존중감이 높은 학생은 낮은 학생보다 높은 진로 태도 성숙 점수를 보이고 있다. 직업 가치에서도 외적인 경제적인 보상보다는 성취감이나 대인관계 같은 내적 가치에 둘수록 높은 진로 태도 성숙 점수를 보여주고, 내적 통제성이 높은 학생이 더 높은 진로 태도 성숙을 보였다.

이기학·이학주(2000)는 진로 자기-효능감 총점과 진로 태도 총점 및 하위 5개 요인은 정적인 상관을 보인다.

이상에서 자아 개념이 긍정적이고, 자아 존중감이 높고, 자기 효능감이나 성취감, 대인관계에 가치를 두는 학생이 진로 태도 성숙이 높은 것을 알 수 있다. 따라서 긍정적 자아 개념 형성, 자아 존중감 향상, 자기 효능감 향상, 성취감 향상, 대인관계 향상에 효과를 나타낸 REBT를 적용하여 진로 상담을 실시한다면 진로 태도 성숙에 영향을 끼칠 것을 유추해볼 수 있다.

6. 진로와 REBT

앞 장에서 밝힌 바와 같이 REBT를 진로 상담에 활용한 전례가 없고, 진로 변인과 REBT의 관계를 밝힌 논문은 국내·외적으로 왕가년의 논문이 유일했다.

왕가년(1996)은 고교생과 대학생 대상의 연구에서 비합리적 신념이 높은 학생이 진로성숙도가 낮음을 밝혔다.

　이 연구를 통해 비합리적 신념을 교정하는 과정이 포함되는 REBT 진로 집단 상담은 진로 성숙, 발달에 영향을 미침을 추론해볼 수 있다.

Ⅲ. 연구의 방법

A. 연구의 대상

본 연구의 대상은 서울 소재 4년제 대학교 2-4학년 학생이다. '생활지도와 상담의 실제'라는 수업을 받고 있는 대학생 중, 집단 상담 전문가들이 집단 상담 과정에 가장 적절한 규모로 권고하는 12명씩 네 집단을 구성하기 위하여 48명을 선정하였다. 선정된 학생들에게 상담의 실제 편으로 중간고사 직후부터 종강까지의 8주간을 수업에 대치하여 연구에 참여하게 하였다. 48명의 학생을 무작위로 한 개의 실험집단과 세 개의 통제집단에 배치한 후, 다른 과목 수업시간과 겹치는 등의 불가피한 상황을 제외하고는 자신이 배치된 집단에 참여하도록 요구하였다.

최종적으로 표집한 집단별 피험자수는 〈표 Ⅲ-1〉과 같다.

<표 Ⅲ-1> 집단별 피험자수

집 단	인 원
실험집단	12명
통제집단 1 (자기주장 심리상담 집단)	10명
통제집단 2 (일반 진로 상담 집단)	12명
통제집단 3 (집단 상담 이론 강의)	14명
계	48명

실험집단과 통제집단들의 동질성을 알아보기 위해 네 집단의
네 가지 척도에 대한 사전검사 평균을 비교한 결과는 〈표 Ⅲ
-2〉와 같다.

〈표 Ⅲ-2〉 실험집단과 통제집단 간 변인들의 사전검사 차이 분석

(N=48)

변 인		집 단	제곱합	평균제곱	F	p
자기 효능감		집단 간	395.39	131.80	1.48	.23
		집단 내	5261.69	89.18		
		합 계	5657.08			
대인관계 능력		집단 간	478.56	159.52	.294	.83
		집단 내	24383.40	541.85		
		합 계	24861.96			
대인관계하위변인	가 족	집단 간	678.09	226.03	1.39	.26
		집단 내	7361.87	163.60		
		합 계	8039.96			
	친 척	집단 간	20.74	6.92	.04	.99
		집단 내	7225.09	160.56		
		합 계	7245.84			
	친 구	집단 간	176.14	58.72	1.08	.37
		집단 내	2445.69	54.35		
		합 계	2621.84			
진로 태도 성숙		집단 간	184.92	61.64	1.26	.30
		집단 내	2197.57	48.84		
		합 계	2382.49			
의사결정유형	합리적	집단 간	7.95	2.65	.68	.57
		집단 내	176.30	3.92		
		합 계	184.25			
	직관적	집단 간	8.53	2.84	.68	.57
		집단 내	189.47	4.21		
		합 계	198.00			
	의존적	집단 간	20.38	6.80	1.20	.32
		집단 내	255.87	5.69		
		합 계	276.25			

*$p < .05$, **$p < .01$, ***$p < .001$

〈표 Ⅲ-2〉를 보면 네 집단의 네 가지 척도에 대한 사전검사 평균 차이를 분석한 결과, 자기 효능감의 유의확률(p)이 .23으로 통계적으로 유의미한 차이를 보이지 않았다(p>.05). 대인관계 능력의 유의확률(p)도 .83으로 통계적으로 유의미한 차이가 발견되지 않았다(p>.05). 대인관계 능력의 하위 변인인 가족 (.26), 친척(.99), 친구(.37)에서도 통계적으로 유의미한 차이가 발견되지 않았다(p>.05). 진로 태도 성숙의 유의확률(p)은 .30으로 통계적으로 유의미한 차이가 발견되지 않았다(p.>05). 의사 결정 유형에서도 합리적 의사 결정 유형(.57), 직관적 의사 결정 유형(.57), 의존적 의사 결정 유형(.32) 각각에서 통계적으로 유의미한 차이가 발견되지 않았다(p>.05).

이러한 결과는 실험집단과 통제집단들 간 평균의 차이에서 네 가지 척도에서 모두 통계적으로 의미 있는 차이가 나타나지 않음을 보여주는 것으로, 이들 네 집단은 동일한 모집단에서 추출된 것으로 볼 수 있다.

B. 연구의 도구

본 연구에서는 네 가지 검사 도구를 사용하였다.

1. 자기 효능감 검사

본 연구에서는 자기 효능감의 개인적 수준을 측정하기 위해 Sherer, Maddux, Mercandante, Prentice-Dunn, Jacobs & Rogers(1982)가 제작한 척도(The Self-Efficacy Scale)를 홍혜영(1995)이 번안한 것을 채택하였다.

이 도구를 5점 척도화하여 예비검사를 통해 신뢰도 검증을 실시하였으며, 본 검사지에 대한 타당도는 먼저 집단 구성원인 교육학이나 심리학 전공자가 아닌, 일반 대학생이 내용을 이해할 수 있는지를 알아보는 사용 언어의 전문성 측면을 검토하고, 한편으로는 진로 교육과 평가, 상담 심리를 전공한 3명의 전문가에게 내용 타당도(content validity)를 검토하였다. 전문가들이 자문하는 과정에서 문장 수정을 권고 받은 사항은 문장을 뜻이 분명하게 수정하여 최종적인 검사지를 제작하였다.

그 결과 예비검사를 통해 신뢰도가 .70에 못 미치는 1문항(22번 문항)을 제거한 후 총 22문항으로 작성하였고, 최고점을 각 문항에 5점씩 주었다. 따라서 최대 점수는 110점이다.

이 도구는 일반적인 상황에서의 자기 효능감을 재고 있는 '일반적 자기 효능감'과 대인관련 사회적 기술 등의 요소와 관련이 있는 '사회적 자기 효능감'의 2개의 하위 요인이 있다.

대표적 질문 양식은 '나는 계획대로 수행할 수 있다.', '나는 중요한 목표를 설정하면 성취할 수 있다.', '나는 어떤 사람이 보고 싶으면 그 사람이 와주기를 기다리는 대신 내가 먼저 간다.' 등이 있다.

최종 검사지 양식은 〈부록 1〉에 명시되어 있다.

2. 대인관계 질문지

본 연구에서는 MOS 사회적지지 조사표(Sherbourne & Ste-wart, 1991)와 Delongis 등(1988)이 사용한 방법을 기초로 하여 김정희(1992)가 제작한 5점 척도 검사 도구를 예비검사를 통해 신뢰도 검증을 하였고, 본 검사지에 대한 타당도는 먼저 집단 구성원인 교육학이나 심리학 전공자가 아닌, 일반 대학생이 내용을 이해할 수 있는지를 알아보는 사용 언어의 전문성 측면을 검토하고, 한편으로는 진로 교육과 평가, 상담 심리를 전공한 3명의 전문가에게 내용 타당도(content validity)를 검토하였다. 전문가들이 자문하는 과정에서 문장 수정을 권고 받은 사항은 문장을 뜻이 분명해지도록 수정하여 최종적인 검사지를 제작하였다.

대인관계 질문지는 개인이 자각하고 있는 사회적 지지의 정도를 측정하기 위한 척도로써 가족, 가장 친한 친척, 가장 친한 친구나 이웃의 세 영역으로 나누어진다. 각 영역별로 14문항으로 총 42문항으로 구성되며, 각 문항에 최고점은 5점을 주었다. 따라서 최대 점수는 영역별로는 70점, 총점으로는 210점이다.

대표적인 질문 양식은 '나의 가족은 내가 진정으로 믿고 의지할 수 있다', '내가 필요로 할 때 힘이 되어 준다.', '내가 하는 일의 가치를 인정해 준다' 등이 있다.

최종 검사지 양식은 〈부록 1〉에 명시되어 있다.

3. 진로 태도 성숙도 검사

본 연구에서는 진로 태도 성숙도를 평가하기 위해서 이기학과 한종철(1997)이 제작한 척도를 4점 척도화한 후, 예비검사를 통해 신뢰도 검증을 실시하였고, 본 검사지에 대한 타당도는 먼저 집단 구성원인 교육학이나 심리학 전공자가 아닌, 일반 대학생이 내용을 이해할 수 있는지를 알아보는 사용 언어의 전문성 측면을 검토하고, 한편으로는 진로 교육과 평가, 상담 심리를 전공한 3명의 전문가에게 내용 타당도(content validity)를 검토하였다. 전문가들이 자문하는 과정에서 문장 수정이나 삭제를 권고 받은 사항은 문장을 뜻이 분명해지도록 수정하거나 삭제하여 최종적인 검사지를 제작하였다.

그 결과 내용이 모호한 2문항(27, 37번 문항)과 신뢰도가 .70 이하로 떨어지는 3문항(17, 21, 38번 문항)을 제거하여 총 34문항을 작성하였으며, 최고점을 4점 주었다. 따라서 최대 점수는 144점이다.

이 도구는 진로 태도 성숙도를 평가하는 척도로서 현실성 차원, 결정성 차원, 준비성 차원의 3가지 하위 영역으로 나누어

진다. 대표적 질문 양식으로는 '내가 세운 진로 계획이 현실적
으로 잘 맞는 것인지 모르겠다.', '직업 선택을 할 때마다 여러
가지를 생각해야 하므로 의사 결정을 하기가 어렵다', '직업에
대한 정보가 수시로 변하더라도 직업 준비는 미리 해두어야 한
다' 등이 있다.

최종 검사지 양식은 〈부록 1〉에 명시되어 있다.

4. 의사 결정 유형 검사

본 연구에서는 Harren(1984)이 개발한 진로결정 척도(Assess-
ment of Career Decision Making: ACDM)에 포함되어 있는 의사
결정 유형 검사(Inventory of Decision Making Patterns)를 고향
자(1992)가 번역한 2점 척도 문항을 채택하였다. 이 문항을 예비
검사를 통해 신뢰도 검증을 실시하였고, 본 검사지에 대한 타당
도는 먼저 집단 구성원인 교육학이나 심리학 전공자가 아닌, 일
반 대학생이 내용을 이해할 수 있는지를 알아보는 사용 언어의
전문성 측면을 검토하고, 한편으로는 진로 교육과 평가, 상담 심
리를 전공한 3명의 전문가에게 내용 타당도(content validity)를
검토하였다. 전문가들이 자문하는 과정에서 문장 수정을 권고 받
은 사항은 문장을 뜻이 분명해지게 수정하여 최종적인 검사지를
제작하였다.

이 도구는 의사 결정을 할 때 개인이 어떤 방식으로 접근하

는가를 측정하기 위한 검사로서, 총 30문항인데 합리적 유형 10문항, 직관적 유형 10문항, 의존적 유형 10문항으로 구성되어 있다. 각 유형을 설명하고 있는 항목에 1점을 주어서, 유형별로 각각 10점이 최대 점수이다.

대표적인 질문 양식은 '나는 중요한 의사 결정을 할 때 한 단계 한 단계 체계적으로 한다.', '나는 의사 결정을 할 때, 나 자신의 즉각적인 느낌이나 감벙에 따른다.', '나는 다른 사람의 도움 없이는 중요한 의사 결정을 하기가 힘들다.' 등이다.

최종 검사지 양식은 〈부록 1〉에 명시되어 있다.

5. REBT를 적용한 진로 집단 상담 프로그램

본 연구자는 REBT 이론에 관하여 대학원 이수과목으로 한 학기 수강하였고, REBT 집단 상담 과정을 24시간 동안 체험하였다. 이러한 경험과 여러 관계 문헌을 참고로 하여 REBT 집단 상담 프로그램을 구성하였으며, REBT 전문가에 수차례 자문을 받아 프로그램이 수정·보완되었다.

박경애(1998)에 따르면 장애의 정도가 심하지 않은 내담자들은 2-3개월 정도만 집단에 참여하여도 자신의 정서적 문제를 해결하는데 상당한 도움을 받으며, 스스로 REBT의 원리나 기법을 적용할 수 있는 능력을 갖추기도 한다. 또한 최근의 자기 성장을 위한 집단 상담의 회기가 8회기로 설정되는 경우가 일반적이어서(우애령(1994), 오귀남(2000) 등), 현재 한국 대학생의 실정에 맞게 8주 동안 1주일에 1회기, 1회기에 2시간씩으로 상담 시간을 설정하였다.

C. 연구의 절차

본 연구 설계는 전후검사 통제집단 설계(pretest-posttest control-group design)의 변형이었다. 전후검사 통제집단 설계(pretest-posttest control-group design)란 가능한 한 무선적 방법으로 피험자를 표집 하고, 표집 한 피험자들을 실험집단과 통제집단에 무선적으로 배치한 후, 이들 두 집단에 사전검사를 실시하고 일정한 기간(대체로 1주일)이 경과한 후에 무선적으로 한 집단(실험집단)을 골라 그 집단에게는 실험처치 (X)를 가하고 다른 집단(통제집단)에게는 아무런 실험처치도 가하지 않은 다음, 다시 두 집단에 같은 기준에서 사후검사를 실시하여 이들 두 집단의 사전사후검사 치의 차이로서 실험처치의 효과를 알아보려는 방안이라고 할 수 있다.

본 연구를 도식화하면, [그림 Ⅲ-1]과 같다

	무선 배치	사전검사	실험 처치	사후검사
실험집단	R	O_1	X	O_2
		←-------	--O_9--	-------→
통제집단 1	R	O_3	–	O_4
통제집단 2	R	O_5	–	O_6
통제집단 3	R	O_7	–	O_8

[그림 Ⅲ-1] 본 연구의 실험 설계

여기서 이용한 기호는 캠벨과 스탠리가 사용했던 기호체계를 따른 것으로, 각 기호의 뜻은 다음과 같다.

R: 각 집단에 피험자들이나 실험 처치를 무선적으로 배정함을 뜻함

X: 특정 집단에 어떤 실험 처치를 실시함을 의미함

O: 관찰이나 검사를 실시함을 의미함

[그림 Ⅲ-1]에서와 같이 세 집단에 대해 사전검사를 2000년 10월 18일에 실시한 다음 실험처치인 REBT를 이용한 진로 상담 프로그램을 2000년 10월 23일부터 12월 14일까지 2개월 8주간에 걸쳐 프로그램 계획에 따라 투입되었다(〈표 Ⅲ-5〉 참조). 이어서 사후검사를 실시하였다.

연구 절차를 정리하면 다음과 같다.

1. 검사 도구의 신뢰도 검증

본 연구에서는 검사 도구의 신뢰도를 구하기 위하여, 2000년 10월 2일에 예비검사를 실시하였다. 대상으로 서울 소재 K 대학교 3~4학년 대학생 149명(남자 75명, 여자 74명)을 임의로 표집하였다. 구체적인 연구 대상의 현황은 〈표 Ⅲ-3〉과 같다.

〈표 Ⅲ-3〉 예비검사의 연구대상

학년 성별	남	여	계
3	38	29	67
4	37	45	82
계	75	74	149

신뢰도는 검사별로 따로 구하였다. 이들을 요약하여 제시하면 〈표 Ⅲ-4〉와 같다.

<표 Ⅲ-4> 각 검사 도구의 신뢰도

검　　사	문　항　수	Cronbach α
1. 자기 효능감 검사	22	.81
2. 대인관계 질문지	42	.93
가　족	14	.85
가장 가까운 친척	14	.96
가장 가까운 친구/이웃	14	.92
3. 진로 태도 성숙도 검사	34	.71
4. 의사 결정 유형 검사	30	.71

〈표 Ⅲ-4〉에서 검사 도구의 신뢰도가 .71에서 .96으로 나타나 신뢰도가 높다고 볼 수 있었다.

2. 사전검사

실험 처치 전에 실험집단과 통제집단의 동질성 여부를 알아보기 위해 두 가지 네 가지 사전검사를 실시하였다. 자기 효능감 검사, 대인관계 질문지, 진로 태도 성숙도, 의사 결정 유형 검사의 네 가지로, 2000년 10월 18일에 네 집단을 모두 모아 함께 실시하였다. 시간제한은 따로 두지 않고, 집단 구성원 각자의 재량에 맡겼으며, 대략 25-40분가량 소모되었다.

3. 집단 상담 프로그램 실시

네 집단 모두 집단 상담 프로그램을 실시하였는데, 실험집단 에서는 실험처치인 REBT를 적용한 진로 집단 상담 프로그램 을 개발하여 실시하였다. 나머지 세 통제집단에게는 실험 처치 는 가하지 않아야 하지만, 통제집단에도 처치가 아닌 무엇인가 를 실험집단과 같은 시간과 장소에서 같은 연구자가 실시해야 실험 변인이 순수 처치 효과로 나타날 수 있으므로, 연구 방법 전문가의 심의를 거쳐 실험과 무관한 프로그램을 실시하기로 결정하였다.

본 연구에서는 통제집단 1에서는 심리 집단 상담 프로그램으 로 Adler의 Assertive Training을 한국에서 수정하여 사용하 는 '자기주장 훈련 프로그램'을 실시하였고, 통제집단 2에서는 '일반적인 집단 진로 탐색 프로그램'을 실시하였다. 통제집단 3 은 집단 상담에 대한 이론 강의를 실시하였다.

〈실험집단의 처치 프로그램의 실제〉

- 집단명: REBT를 적용한 진로 집단 상담
- 일 시: 2000년 10월 25일-12월 13일(8회기)
- 대 상: 대학교 2-4학년 재학생
- 지도자: 김 희 수
- 장 소: 건국대학교 집단 상담실
- 프로그램 실시 목적:
① REBT 상담 기법을 통해 구성원의 비합리적 신념 분석과 변화를 통해 정서적인 안정과 문제 해결을 한다.
② 자신의 비합리적 신념이 진로 선택에 미치는 영향을 탐색한 후, 진로 태도의 성숙과 합리적인 진로 결정을 돕는다.
③ 실험 처치 후, 자기 효능감과 대인관계 능력의 향상을 돕는다.
- 프로그램 내용: 본 연구에서 사용한 프로그램의 구체적인 내용을 소개하면 〈표 Ⅲ-5〉와 같다.

〈표 Ⅲ-5〉 REBT를 적용한 진로 집단 상담 프로그램의 내용

회기	내 용	영 역
1	· 사전검사 실시 · 지도자와 집단원 간의 rapport 형성 · 프로그램의 목적 소개 및 집단의 원칙 소개(출석, 비밀유지, 숙제) · 구성원의 소개(집단에 대한 기대 목표, 심리적 문제) · REBT이론, 자기-효능감, 대인관계 개념 소개, 중요성 인식 [과제] 자신의 장점(20개), 단점(5개) 써오기	비합리적 신념과 자기 효능감, 대인관계 능력
2	· 자신의 장·단점 발표(과제 검토) · 자신의 비합리적 신념 찾기 · 주 호소 문제를 중심으로 한 자기 개방(2명) · 발표한 사람의 문제로 ABCDE 작성 연습하기 [과제] 각자 ABCDE 작성해오기	비합리적 신념과 자기 효능감, 대인관계 능력
3	· 짝과 함께 ABCDE 토론하기(과제 검토) · 주 호소 문제를 중심으로 한 자기 개방(6명) [과제] 각자 또 다른 ABCDE 작성해오기	비합리적 신념과 자기 효능감, 대인관계 능력
4	· 주 호소 문제를 중심으로 한 자기 개방 및 논박(4명) · 각자 자신의 비합리적 신념들 논박한 것 정리하여 발표(과제검토) [과제] 자신의 비합리적 신념이 진로 선택에 미치는 영향 찾아 써오기/적성 진단 검사해 오기(상담실)	비합리적 신념과 자기 효능감, 대인관계 능력

회기	내 용	영 역
5	• 비합리적 신념과 진로 결정에서의 어려움 연결하여 발표하기(과제검토) • 의사 결정 방법 확인 및 합리적 의사 방법 이해하기 • 희망 직업 탐색(나와 주위 사람의 희망 직업 열거) 및 발표 [과제] 직업 자료 기록 용지에 희망 직업에 대한 구체적 정보 탐색해오기(2직업 이상)	비합리적 신념과 진로 태도 성숙, 진로 결정 유형
6	• 희망 직업 정보 탐색 결과 감상 발표하기(과제검토) • 직업 적성 및 학업 성취도 고려하여 직업 탐색하기 • 직업 가치 고려 및 발표하기(비합리적 신념과의 관계) • 직업 흥미 유형 탐색하기 [과제] 진로 선택에 있어서의 각자의 life style 써오기	비합리적 신념과 진로 탐색
7	• life style 쓰며 느낀점 발표하기(과제검토) • 직업 성격 유형 탐색하기 • 현실 여건 고려하기 • 종합적인 진로 탐색하여 예비 선택하기 [과제] 최종 직업 선택해오기	진로 탐색 및 진로 선택
8	• 최종 직업 선택한 것 발표하기(과제검토) • 계획 짜기(활동목표와 구체적 활동 계획) 및 발표하기 • REBT 이론 복습 및 마무리 • 집단 상담 참가 소감 발표하기 • 사후검사 실시 [과제] 구체적 활동 계획·주호소 내용의 반복적 출현을 피하기 위한 계획 짜기(relapse prevention)와 정리를 확인하고 실생활에 적용하기	합리적 신념과 자기 효능감, 대인관계, 진로 태도 성숙, 의사 결정 유형

본 연구에서 활용한 REBT를 적용한 진로 집단 상담 프로그램은 8회기로 구성되었다.

대학생들은 진로 탐색 자체의 인지 능력은 빠르며, 자신의 흥미나 적성, 현실 여건 파악 능력도 인식기나 준비기에 있는 초·중·고등학생들에 비해서 뛰어날 것이다. 그러나 성격적 장애 부분인 비합리적 신념은 대학생이 성인이라고 해서 스스로, 또는 저절로 치료될 수 있는 것이 아니며, 이러한 장애 부분이 대학생의 진로 성장을 저해하는 큰 요인이라고 연구자의 상담 임상 장면 경험에서 가정해 볼 수 있었으며, 왕가년(1996)의 연구에서도 밝혀진 바 있다.

따라서 본 연구 프로그램은 비합리적 신념을 수정하는 작업을 전반부에 진로 탐색과 선택 지침으로서의 합리적 대안 신념을 찾는 작업을 후반부에 배치하였다.

전반부는 1-4회기까지로, 비합리적 신념 찾기와 그것의 영향으로서의 자기 효능감 부족, 대인관계 능력 저하를 연결시켜서, 집단 구성원 각자의 삶에 대비하는 작업을 한다. 매 회기마다 숙제를 부여하고, 다음 시간에 발표하게 하여, 실생활에서도 집단 상담에서 다룬 내용을 계속 생각하고, 깨닫게 하는 작업을 유도하였다.

1회기에서는 지도자와 집단원 간의 라포를 형성하는 것이 가장 중요하다. 지도자로서의 자질을 갖추고, 열성을 가지고 집단원에게 다가가는 것이 중요하였다. 이 회기에 프로그램 목적 소개와 집단 상담에서의 원칙을 소개하였는데, 출석의 중요성을 알리고, 집단 상담에서 나눈 이야기에 대해 외부 누출을 금

지하기로 비밀 유지를 확약 받고, 매주 부과되는 과제를 수행하는 것의 의미를 설명해 주는 것 등이다. 구성원의 자기소개 때 허심탄회하게 본인의 해결하고 싶은 심리적 문제가 거론될 수 있는 분위기를 조성하였다. 이 회기에 비합리적 신념의 개념을 충분히 설명하고, 자기 효능감과 대인관계와의 유관성도 명확히 지적하여서, 앞으로의 프로그램 진행에 도움이 되도록 하였다.

2-4회기까지는 구성원 각자의 비합리적 신념을 실제로 지도자 및 구성원들에 의해 합리적 신념으로 변화시켜 나가는 과정을 거쳤는데, 이때 집단 구성원들이 적극적으로 참여하게 유도하였다. 이 작업은 구성원의 참여도를 높이고, 그 자체가 자기 효능감과 대인관계 능력을 향상시킬 수 있는 효과가 있었다.

후반부는 5-8회기까지로, 비합리적 신념이 실제로 진로 결정이나 취업 후 직장 적응에 미칠 영향을 탐색하면서, 진로 태도 성숙을 꾀하고, 의사 결정 유형이 합리적인 유형으로 바뀌도록 설명, 논박과정을 거쳤다. 진로 탐색은 최대한 빠른 시간에 진행하고, 자신의 심리적 장애가 되는 비합리적 신념과 진로와의 관계를 연결하여 탐색하도록 유도하는 것이 바람직하다고 보고 진행에 유념하였다.

마지막 8회기에는 집단 구성원 각자가 집단 상담에 참가하면서, 계획한 비합리적 신념 수정과 합리적 신념으로의 대치가 가능했는지를 확인하였으며, 최종적인 진로 선택이 대치된 합리적 신념을 통해 지지받을 수 있도록 집단 상담 마지막 평가 시간에 다시 강조하였다. 구체적인 프로그램 진행 과정은 다음과 같다.

〈REBT를 적용한 진로 집단 상담 프로그램의 과정〉

대학생을 대상으로 하여 진행한 REBT를 적용한 진로 집단 상담 프로그램은 전체 8회로 구성되었고, 매주 1회기 2시간씩 진행되었다.

프로그램의 구체적인 과정과 내용은 다음과 같다.

제1회: 프로그램의 목적과 참여자 알기, REBT 이론 알기

◎ 목적 ◎

본 회기는 프로그램을 시작하기 전 프로그램의 목적과 필요성을 이해하고 집단원 간의 친밀감을 형성하여 참여 동기를 유발하기 위한 것이다.

◎ 내용 ◎

① 인사(20분): 지도자가 자연스럽게 자신에 관하여 소개하면서, 자기 개방을 유도하고 앞으로 8회기 동안 함께 지낼 계획에 관하여 말한다. 이때 프로그램의 목적을 소개하고, 집단 상담의 원칙을 소개한다. 프로그램의 목적으로, 자신의 심

리적 문제를 탐색하여 해결하고, 그것을 바탕으로 미래의 진로 결정과 계획을 수립하는 것임을 알려준다. 집단 상담의 원칙은 출석하기, 집단 내부에서 나눈 이야기를 외부에 누설하지 않기, 부가된 과제를 수행하기 등이다. 편안한 분위기를 유지하며, 프로그램의 목적과 집단 상담의 원칙을 정확히 설명하고 주지시키는 것이 중요하다.

② **이름표 교부하여 달고, 워크북 배부하기(10분):** 미리 준비한 이름표를 나누어주고 가슴에 부착하도록 부탁한다. 워크북을 나누어주고, 각자 잠시 살펴보게 하며, 프로그램에 대한 기대감을 심어 준다.

③ **자기소개하기(50분):** 자기소개 하는 간단한 방식을 소개한 후, 원하는 순서대로 전체에게 자신을 소개하게 한다. 자기소개의 내용은 이름, 학과, 학년, 가족 소개, 자기 성격, 본 집단 상담에서 기대하는 것 등이다.

④ **휴식(10분):** 차와 간식, 화장실 다녀오기. 10분 안에 해결할 수 있는 간단한 간식을 프로그램 시작 전에 미리 준비해 둔다. 커피나 간식, 화장실은 개인적으로 원할 때는 휴식 시간 아닐 때도 자연스럽게 이용할 수 있다. 다만 진행의 흐름을 끊지 않는 조용한 분위기에서 편안하게 집단 상담에 임할 수 있도록 안내한다.

⑤ **강의(20분):** REBT 집단 상담의 경우, 먼저 REBT의 기본적인 이론을 먼저 소개하고, 자신의 문제를 이 이론의 틀에 맞추어 탐색하는 과정을 주로 이용한다. ABCDE이론과 비합리적 신념의 성격에 대해 간단히 설명한다. 그리고 비합리적

신념이 자기 효능감이나 대인관계에 밀접한 영향을 미침을 설명하여, 집단원들이 자기 효능감이나 대인관계에 관련한 자신의 비합리적 신념을 찾아볼 수 있음을 지적한다.

⑥ **정리(10분)**: 집단 상담의 유익함과 안전성을 집단원들에게 다시 한번 강조하고, 과제로 자신의 장점을 20개, 단점을 5개 써오도록 요구한다. 장점을 20개나 찾는 과정에서 집단원들은 자기에 대한 긍정적 수용을 할 수 있을 것이다. 이러한 긍정적 수용을 발판으로 하여 비합리적 신념도 분석하고 진로 탐색을 하는 것이, 집단원들에게 더 효과적인 진로 상담의 성과를 보여줄 수 있다.

제2회: 집단원들 각자의 장·단점 발표하고, 단점과 관련하여 비합리적 신념을 짝과 함께 찾기. 전체가 한 학생의 사례로 ABCDE 해보기.

◎ 목적 ◎

본 회기는 지난주 과제였던 집단원의 장·단점을 발표하면서, 단점과 관련된 각자의 비합리적 신념을 찾아보기 위한 시간이다. 짝과 함께 의 논해보고, 전체가 한 학생의 비합리적 신념을 함께 분석하고 논박하여 REBT 상담의 실제를 경험하게 된다.

◎ 내용 ◎

① **인사(10분)**: 서로 자연스럽게 인사를 나누고, 차를 마실 사람은 자연스럽게 차를 마신다. 늦게 온 사람까지 정리가 되면 늦지 않을 것을 당부한다.

② **이론 복습(10분)**: 1회기에 배운 REBT이론을 복습하고, 생각을 바꾸면 정서와 행동이 바뀔 수 있음을 재차 강조한다.

③ **집단원 각자가 장·단점 발표하기(50분)**: 지난주에 자기 소개 하던 순서와는 다르게, 가급적이면 늦게 하던 집단원이 먼저 할 수 있도록 유도한다. 이때 집단원들은 발표한 학생에게 자신이 느꼈던 좋은 점을 말해준다. 지도자도 집단원의 발표에 대해 특히 단점에 대해 현실적이고, 논리적, 실용적인 생각의 틀에 근거한 평가인지 발표한 집단원 자신과 참여 집단원들이 토론할 수 있는 시간을 제공한다. 이러한 과정에서 발표한 집단원의 생각이 어떻게 바뀌고, 정서가 어떻게 바뀌는지 정리해보도록 한다.

④ **휴식(10분)**: 차와 간식, 화장실.

⑤ **자신의 단점과 관련하여 비합리적 신념을 짝과 함께 찾기(15분)**: 옆 사람과 자연스럽게 짝이 되어, 단점 중에서나 또 다른 자신을 힘들게 하는 부적절한 정서와 행동을 찾고, 그것의 원인이 되는 비합리적 신념을 찾는다. 이때 짝은 적극적으로 함께 분석해준다. 한 명이 끝나면, 다른 사람도 이와 같은 방식으로 진행한다.

⑥ **전체로 모여 비합리적 신념 발표하기(15분)**: 전체로 다시 집중하여, 먼저 하고 싶은 한 사람의 사례를 들어 본다. 이

프로그램에서는 초등학교 입학 당시 백과사전을 통째로 외우던 영재성 때문에 친구들이 멀리 했고, 그 결과 내성적이고, 행동을 절제하게 되었다는 사례가 나왔다. 지도자는 집단원들에게 이 집단원의 비합리적 신념을 찾게 유도하였다. '튀면 남들이 싫어하고, 남들에게 좋은 인상을 주려면 무조건 조용히 있어야 한다'는 비합리적 신념을 찾을 수 있었다. 이 비합리적 신념에 대해 대체할 수 있는 합리적 신념을 집단 안에서 찾아보았다. 결과 '똑똑해도 남들이 다 싫어하는 것은 아니다. 또 모든 사람에게 좋은 아이라는 소리를 들을 수도 없고, 들을 필요도 없다. 사람들은 다양한 특성과 환경의 영향을 받아서 아주 다르므로'라고 대치하기로 했다. 그리고 지도자는 이러한 비합리적 신념이 오히려 인지 개발을 위축시켜서 결국 성적이 떨어지고 결과적으로 자기 효능감을 손상시킨 측면도 다소 있고, 남을 의식하게 되어 오히려 대인관계가 자연스럽지 못하게 하는 역할도 할 수 있었음을 지적하였다. 그리고 자기 효능감과 대인관계 능력은 진로 발달에 중요한 한 요소임을 설명하였다.

⑦ **정리 및 과제(10분)**: 비합리적 신념 찾고, 합리적 신념으로 대치하는 과정을 요약하고, 집단이 함께 집단원의 문제에 적극적으로 참여하여 도와주는 것의 중요성과 비밀 유지에 대해 강조한다. 과제로 자신의 문제를 ABCDE로 작성해 오는 것을 부과한다.

제3회: 집단원들 각자의 비합리적 신념을 짝과 합리적 신념으로 대치하여 보고, 전체 앞에서 발표하기.

◎ 목적 ◎

본 회기는 집단원들이 자신의 비합리적 신념을 합리적 신념으로 대체 할 수 있도록 짝과 토론할 기회를 주며, 전체 앞에서 발표함으로써 여러 사람들의 객관적인 평가를 듣는 기회를 갖도록 한다.

◎ 내용 ◎

① 인사(10분): 지도자가 비합리적 신념을 교정하여, 수치심을 극복한 REBT 창시자 Ellis 박사의 사례를 제시하여, 신념의 재구조화가 중요함을 다시 인식시키면서 본 회기를 시작한다.

② 짝과 함께 자신의 비합리적 신념을 합리적 신념으로 대치해보기(15분): 2회기 과제를 검토하며, 비합리적 신념에 대한 합리적 신념이 수긍 할만한지 짝과 검토해본다. 한 명이 끝나면, 같은 방식으로 다른 사람도 수행한다.

③ 전체 앞에서 발표하기(40분): 전체 앞에서 집단원들은 자신의 비합리적 신념과 이에 대한 합리적 신념을 정리하여 발표한다. 듣고 있던 집단 구성원들은 함께 합리적 신념을 정리할 수 있도록 자신의 의견을 내놓는다. 순서를 정하지는 않지만, 돌아가며 다 할 수 있도록 지도자는 개인에게 안배

될 시간을 조정한다.

④ 휴식(10분): 차와 간식, 화장실.

⑤ 전체 앞에서 발표하기(40분): 다시 전체 앞에서 자신의 비합리적 신념을 정리하여 발표한다. 다른 사람이 발표할 때 자신의 생각을 적극적으로 반영할 수 있도록 집단원 모두의 참여를 유도한다. 본 집단 상담에서 나온 사례 중 대표적인 것을 보면, 딸만 있는 집이 장녀인 집단원은 실패에 대한 두려움이 커서 항상 쫓겨 왔다고 한다. 그의 비합리적 신념에는 '우리 집에는 아들이 없으니까, 내가 잘되어야만 한다. 내가 잘 해내야만 부모님이 덜 고생할 것이다' 라는 것으로 요약이 되었다. 이 신념을 '내가 장녀라고 해서 반드시 잘 되어야만 하는 것은 아니다. 열심히 살면 나에게나 가족에게 좋겠지만, 내가 실수하거나 실패해도 부모님이나 동생에게 직접적인 영향이 가는 것은 아니다' 로 대치하기로 했다. 내담자는 몹시 한스럽게 울었지만, 이 대치된 신념이 자신을 편안하게 해줄 것 같다고 말했다. 지도자는 이 사례에서 내담자는 항상 부모님과 동생을 배려하느라, 열심히만 살려고 해서 힘만 들지, 자신이 정말 원하고 재미있어 할 만한 진로를 선택할 기회가 없었을 것 같다고 하며, 앞으로의 상담 과정을 통해 자신의 특성에 맞는 진로를 결정해볼 것을 권했다.

⑥ 정리 및 과제(5분): 오늘 발표한 7명의 사례를 간단히 요약하고, 과제로 또 다른 비합리적 신념을 다시 한번 찾아볼 것을 부과했다.

제4회: 집단원들 각자의 비합리적 신념을 짝과 합리적 신념으로 대지하여 보고, 전체 앞에서 발표하기.

◎ 목적 ◎

본 회기는 3회기에 이어 자신의 비합리적 신념과 이에 대한 합리적 신념을 전체 앞에서 발표함으로써 여러 사람들의 객관적인 평가를 듣는 기회를 갖도록 한다.

◎ 내용 ◎

① **인사(10분)**: 지난 3회기에 발표한 집단원들이 발표한 후 1주 동안 어떤 생각이 들었는지 잘 분석된 것 같은지 돌아가며 간단히 평가하게 하면서 본 회기를 시작한다.

② **전체 앞에서 발표하기(40분)**: 전체 앞에서 집단원들은 자신의 비합리적 신념과 이에 대한 합리적 신념을 정리하여 발표한다. 듣고 있던 집단 구성원들은 함께 합리적 신념을 정리할 수 있도록 자신의 의견을 내놓는다. 남은 집단원들도 이제 다 발표할 수 있도록 지도자는 개인에게 안배될 시간을 조정한다.

③ **휴식(10분)**: 차와 간식, 화장실.

④ **전체 앞에서 발표하기(40분)**: 이제 남은 집단원이 자신의 비합리적 신념을 발표할 마지막 시간임을 인지시키고, 다시 전체 앞에서 자신의 비합리적 신념을 정리하여 발표한다. 다른 사람이 발표할 때 자신의 생각을 적극적으로 반영할 수

있도록 집단원 모두의 참여를 유도한다. 본 회기에 집단 상담에서 나온 사례 중 대표적인 것을 보면, 완벽주의 성향이 있는 성실하고 우수한 집단원은 최근에 강의 시간에 발표를 자청했다가, 교수님께 못하겠다고 포기 선언을 한 적이 있었다. 이 집단원의 경우, '완벽하게 해내야만 한다. 잘 못하느니 안하는 것이 낫다' 라는 비합리적 신념 때문에 오히려 성적 관리에서도 자신의 능력만큼 결과가 나타나지 않고 있었다. 집단원들은 이 집단원에게 '완벽한 발표를 해야만 가치 있는 것은 아니다. 성실함과 정성을 보이는 것만으로도 충분한 가치가 있다' 는 합리적 신념을 제시하였다. 지도자는 이러한 완벽 성향이 집단원을 몹시 피곤하게 할 수도 있고, 업무 수행에 더 많은 지장을 줄 수도 있음을 설명했다. 직장에서도 서로 실수를 무마시켜줄 수 있는데 혼자서만 끙끙 앓으면, 오히려 사람들의 도움을 받을 수 없게 할 수 있음을 지적했다.

⑤ 정리(10분): 본 회기에 발표한 6명의 사례를 간단히 요약해주고, 혹시 발표한 사람 중에 또 다른 비합리적 신념을 분석하고 싶은 구성원이 있는지 살피고, 자발적으로 참여하도록 유도한다.

⑥ 과제(10분): 과제로 자신의 비합리적 신념이 진로 선택을 하는 데 끼치는 영향을 정리해올 것과 내담자의 적성적 특성을 살펴볼 수 있도록 개인적으로 상담실에서 적성 진단 검사를 실시하고, 결과를 가져올 것을 부과했다.

제5회: 비합리적 신념과 진로 결정에서의 어려움 연결하여 발표하기, 합리적 의사 결정 방법 이해하기, 희망 직업 탐색하기.

◎ 목적 ◎

본 회기는 전반부인 2-4회기에 발표한 비합리적 신념과 진로와의 관계를 탐색한 후, 합리적 의사 결정의 중요성을 이해하고, 내담자 자신이 희망하는 직업을 탐색하도록 한다.

◎ 내용 ◎

① 인사(10분): 전반부인 2-4회기에 발표한 집단원들의 비합리적 신념이 진로 결정과 준비에 영향을 미치고 있음을 주지시키며, 각 집단원들이 자신의 상황을 이해하고 있는지 질문하며 본 회기를 시작한다.

② 전체 앞에서 발표하기(40분): 전체 앞에서 집단원들은 자신의 비합리적 신념과 진로 결정에서의 어려움을 연결하여 발표해보도록 한다. 듣고 있는 집단원들은 적극적으로 발표하는 집단원의 생각을 파악해보고, 대안들을 제시해주도록 한다.

③ 휴식(10분): 차와 간식, 화장실.

④ 일의 의미 및 가치 고찰하기(20분): 집단원 개개인에게 직업을 가지고 일을 하는 것의 경제적 의미, 사회적 의미, 심리적 의미를 파악하고, 전체에서 발표한다. 발표를 듣고 있는 집단

원들은 다른 집단원들과 자신의 차이를 인식하고, 다양한 사람들의 가치를 이해하는 계기로 삼을 수 있다.

⑤ **의사 결정 유형 파악과 합리적 의사 결정의 개념 이해하기(20분)**: 의사 결정 유형을 사전검사한 결과를 집단원들에게 각자 제시한다. 이 결과표를 보면서, 의사 결정 유형의 세 변인인 합리적 의사 결정, 직관적 의사 결정, 의존적 의사 결정의 개념과 장·단점을 설명한다. 결론적으로 합리적 의사 결정의 중요성을 강조한다. 그리고 각자 자신의 결과에 대해 스스로 생각해 보는 시간을 갖도록 한다. 발표하고 싶은 사람은 자발적으로 자신의 의사 결정 유형과 관련된 특성을 집단에 공개하고 집단원의 의견을 들을 수 있다.

⑥ **정리(10분)**: 비합리적 신념의 극복이 진로 상담을 할 수 있도록 집단원의 심리 상태를 안정시킬 수 있으며, 진로 상담을 보다 근본적인 자신의 특성과 연관시켜 받을 수 있게 함을 다시 강조한다.

⑦ **과제(10분)**: 과제로 직업 자료 기록 용지에 희망 직업에 대한 구체적 정보를 2직업 탐색해 오도록 지시한다.

제6회: 희망 직업, 직업 적성, 학업 성취도 파악하기, 직업 가치, 직업 흥미 유형 파악하기.

◎ 목적 ◎

본 회기는 희망 직업 정보를 탐색하고, 직업 적성 및 학업 성취도를 고려해보고, 직업 가치를 고려하고, 성격 유형과 직업과의 관계를 이해시켜 집단원의 진로 탐색의 여러 변인을 탐색하도록 한다.

◎ 내용 ◎

① **인사(10분)**: 어릴 때부터의 꿈들과 세상에 많은 직업들, 나와 직업과의 관계에 대해 가볍게 생각할 수 있는 질문을 제시하면 프로그램을 시작한다.

② **희망 직업 정보 탐색 결과와 감상 발표하기(40분)**: 전체 앞에서 집단원들은 과제로 해온 자신이 희망하고 있는 직업 두 가지나 그 이상에 대한 정보를 발표한 후, 찾는 과정에서 새롭게 알게 된 것, 느낀 점을 발표해보도록 한다. 듣고 있는 집단원들은 적극적으로 발표하는 집단원의 내용을 들으며, 자신에게 맞는 새로운 직업은 없는지 생각해보도록 한다.

③ **휴식(10분)**: 차와 간식, 화장실.

④ **직업 적성 결과 진단 및 학업 성취도 탐색하기(30분)**: 집단원 개개인에게 적성 진단 결과표를 배부하고, 그 결과를

집단을 대상으로 해석한다. 현재 자신의 전공학과와 적성이 맞지 않는 학생은 특히 결과표에 대해 어떻게 느끼는지 집중적으로 생각해보도록 하고, 집단에서 함께 의논해준다. 학업 성취도는 학교 학점으로 파악해보는데, 전체 평점도 의미가 있지만, 과목별 학점 특성을 이해하면, 집단원 개개인의 능력을 파악하는 좋은 도구가 될 수 있다. 학업 성취도를 작성하여, 스스로 자신의 특성을 이해하도록 한다.

⑤ **직업 가치 목록을 작성하고, 자신의 직업 가치를 탐색하기(15분):** 직업 가치 목록을 작성하고, 자신의 직업 가치를 명료화시킨다. 직업 가치에 부합하는 직업을 선택하는 것의 중요성을 설명한다.

⑥ **직업 흥미 유형 탐색하기(10분):** 직업 흥미 유형을 체크해보고, 자신의 직업 흥미 유형을 이해한다. 더 정밀한 흥미 진단을 개인으로 받을 수도 있지만, 본인의 성장과정 중 흥미 있던 경험과 관련하여 탐색할 수 있음을 설명한다.

⑦ **정리 및 과제(5분):** 직업 희망, 적성, 가치, 성격 유형을 정리하고, 과제로 진로 선택에 있어서 각자의 life style을 정리해오게 한다.

제7회: 희망 직업, 직업 적성, 학업 성취도 파악하기, 직업 가치, 성격 유형 검사 결과 설명하기.

◎ 목적 ◎

본 회기는 희망 직업 정보를 탐색하고, 직업 적성 및 학업 성취도를 고려해보고, 직업 가치를 고려하고, 성격 유형과 직업과의 관계를 이해시켜 집단원의 진로 탐색의 여러 변인을 탐색하도록 한다.

◎ 내용 ◎

① 인사(10분): 어릴 때부터의 꿈들과 현실에 적응해 온 진로 life style을 정리하며 어떤 느낌이 들었는지 물어보면서 프로그램을 시작한다.

② 진로 life style 써온 것 발표하고, 쓰면서 느낌 발표하기 (40분): 어릴 때부터의 흥미, 특기 교육, 중·고등학교 진학시, 문·이과 분반시의 갈등, 학과 선택시의 상황 등을 자세히 발표하고, 특히 자신의 비합리적 신념과 관계하여 진로 선택의 특성을 구체적으로 파악하게 한다. 다른 여서 사람의 경우를 들으며, 자신과의 차이점, 자신이 배울 점을 집단원들은 열심히 추구해나가도록 한다.

③ 휴식(10분): 차와 간식, 화장실.

④ 성격 유형(MBTI) 검사 결과표를 놓고 성격 유형별 특성을 설명하고, 직업적 선호도 설명하기(30분): MBTI검사 결

과에 대해 네 척도에 대한 개념 설명, 16가지 유형별 특성 설명, 유형별 직업 선호경향을 설명한다. 아울러 성격 유형과 가족, 친지와의 갈등을 이해시켜서 원만한 대인관계 형성에 도움을 주도록 한다.

⑤ **현실 여건 고려하기(10분)**: 집안의 경제적 형편, 집안의 특수성, 현재 자신의 능력, 신체적 여건 등 현실 여건을 항목별로 충분히 고려한다. 그리고 그중에서 극복하고 싶고, 극복하기로 결심한 항목을 체크해 본다.

⑥ **종합적인 진로 탐색하여 예비 선택하기(10분)**: 5-7회기에 걸쳐 탐색한 진로 탐색 결과에 따라 종합적인 진로 탐색을 하고, 2-3개의 예비 직업을 선택한다.

⑦ **정리 및 과제(10분)**: 진로 life style, MBTI, 현실 여건을 고려하고, 종합적인 진로 탐색의 결과 예비 선택된 진로를 정리해 보고, 과제로 최종 직업 선택해 오게 한다.

제8회: 최종 직업 선택하기, 앞으로의 진로 계획 짜기, REBT이론 복습하기, 사후검사 실시하기, 집단 상담 참가 소감 발표하기.

◎ 목적 ◎

본 회기는 최종적으로 직업을 선택하고, 앞으로의 진로 계획을 짜서 실천하도록 유도하며, REBT이론을 복습함으로써 비합리적 신념의 자기 교정을 학습시키고자 한다.

◎ 내용 ◎

① 인사(10분): 최종적인 진로 선택을 했는지, 느낌이 어떤지를 물으며 프로그램을 시작한다.

② 최종 직업 선택한 것 발표하기(30분): 5-7회기에 걸쳐 진로 탐색한 결과를 바탕으로 최종적으로 선택한 직업을 발표하고, 선택할 때의 느낌이 어떤지, 각오는 어떤지 들어본다.

③ REBT 이론 복습하기(25분): REBT 이론을 복습하고, 자신의 비합리적 신념을 합리적 신념으로 교정할 수 있는 행동적 대안을 다시 한번 정리하여 집단원에게 밝힘으로써, 각오를 새롭게 한다. 비합리적 신념이 진로 결정에 미치는 영향을 다시 한번 정리하여, 효과적인 진로 결정을 하고, 실천할 수 있도록 유도한다.

④ 사후검사 실시하기(20분): 8회기를 마치면서 집단원의 진로 발달 변인들이 어떻게 변화하였는지를 탐색하기 위해 사

후검사를 실시한다.

⑤ **정리 파티 및 집단 상담 참가 소감 발표하기(30분):** 케이크 주변에 모여, 집단 상담에 참가한 소감과 자신의 앞으로의 각오를 돌아가며 발표한다. 차와 케이크를 먹으며, 차분히 그동안의 느낌을 정리한다.

⑥ **과제(5분):** 과제로 구체적인 활동 계획, 비합리적 신념으로 다시 돌아가지 않기 위한 계획 짜기를 일상생활에서 확인하게 한다.

4. 사후검사

사전검사에서 사용한 것과 동일한 것으로 실험 처치가 끝난 직후, 네 집단 각각에게 실시했다. 집단이 끝난 후 대학이 방학에 들어갔기 때문에, 다시 사후검사를 실시하기 위해 사전검사에서와 마찬가지로 집단 구성원을 한 장소에 다시 모으는 방법을 사용할 수는 없었다.

5. 관 찰

관찰은 실험집단의 사전검사 실시 직후 반응부터 사후검사 실시 직전까지 실험집단 내부에서의 집단 구성원들의 언어적,

비언어적 모습을 녹음하고, 상담자 기록을 통해 관찰한 모든 자료를 정리한 것이다. 이 과정은 집단 구성원의 변화 과정과 변화의 원인과 결과를 연구자가 분석하고 전문가에게 검증받아서 연구 결과에 기술하고자 한다.

6. 참가자 자기 평가서

집단 상담 8회기 후반부에, 집단 참가자들에게 참가자 자기 평가서 양식을 배부한 후 각자 작성하도록 한다. 이 기록은 집단 참가자들이 이 집단에서 배운 것을 정리하는 의미가 되고, 연구자에게는 집단 참가자들의 반응을 구체적으로 이해하는 자료가 된다. 또한 이 기록은 관찰된 자료와 함께 집단 구성원의 변화를 분석하는 자료가 된다. 구체적인 자료는 〈부록 2〉에 명시되어 있다.

D. 자료의 처리

본 연구에서 양적 자료 분석은 통계패키지 SPSS PC+를 사용한다.

먼저 실험집단과 통제집단들이 서로 동질적인 집단인지를 확인하기 위하여, 사전검사 결과를 F 검증한다.

　연구문제 1의 REBT를 적용한 진로 집단 상담 프로그램을 실시한 집단이 통제집단들과 자기 효능감 변화 차이를 보는 부분은 실험집단과 통제집단들 간의 평균 차이를 각각 비교하는 t 검증을 한다.

　연구 문제 2의 REBT를 적용한 진로 집단 상담 프로그램을 실시한 집단이 통제집단들과 대인관계 능력 변화 차이를 보는 부분은 실험집단과 통제집단들 간의 평균 차이를 각각 비교하는 t 검증을 한다.

　연구 문제 3의 REBT를 적용한 진로 집단 상담 프로그램을 실시한 집단이 통제집단들과 진로 태도 성숙에서 변화 차이를 보는 부분은 실험집단과 통제집단들 간의 평균 차이를 각각 비교하는 t 검증을 한다.

　연구 문제 4의 REBT를 적용한 진로 집단 상담 프로그램을 실시한 집단이 통제집단들과 의사 결정 유형 변화에서 차이를 보는 부분은 실험집단과 통제집단들 간의 평균차이를 각각 비교하는 t 검증을 한다.

　질적 자료 분석은 이 연구의 보조 자료로서, 관찰과 참가자 자기 평가서의 자료를 정리하여 자기 효능감, 대인관계 능력, 진로 태도 성숙, 의사 결정 유형의 변화에 영향을 미친 과정으로 분석·기술한다.

Ⅳ. 결과 해석 및 논의

A. 결과 해석

1. 자기 효능감 검증 결과

연구 문제 1을 검증하기 위한 t 검증의 결과는 다음과 같다.

a. 실험집단과 통제집단들 각각 사전/사후 t 검증

〈표 Ⅳ-1〉 자기 효능감의 집단 간 사전 - 사후 차이 분석

(N=48)

변 인	집 단	사전검사		사후검사		t	p
		M	SD	M	SD		
자기 효능감	실험집단	72.57	5.18	90.93	6.51	−9.04	.00***
	통제집단 1 (자기주장심리)	68.80	8.88	80.67	11.00	−3.78	.01**
	통제집단 2 (일반진로)	77.33	10.36	76.08	13.75	.05	.63
	통제집단 3 (강 의)	77.31	10.31	77.54	8.59	−.06	.96

*p<.05, **p<.01, ***p<.001

〈표 Ⅳ-1〉에서 실험집단은 자기 효능감의 사전검사와 사후 검사의 평균을 비교한 결과 평균이 사전 72.57에서 사후 90.93으로 향상되어, p<.001로 99.9% 수준에서 통계적으로 유의미한 차이가 나타났다. 즉 REBT를 적용한 진로 집단 상담 프로그램을 실시한 실험집단에서 사후에 통계적으로 유의미하게 자기 효능감이 향상되었다.

통제집단 1은 평균이 사전 68.80에서 사후 80.67로 향상되어, p<.01로 99% 수준에서 통계적으로 유의미한 차이가 나타났다. 즉 '자기주장 훈련'의 심리 상담 집단에서 자기 효능감이 통계적으로 유의미하게 향상된 것이다. 이는 '자기주장 훈련'의 내용이 자신감과 자기 효능감을 상승시키는 내용을 담고 있기 때문이다.

통제집단 2는 평균이 사전에는 77.33이고, 사후에는 76.08로 유의확률이 .63이다. 통제집단 3은 평균이 사전에는 77.31이고, 사후에는 10.31로 유의확률은 .96이다. 따라서 통제집단 2와 통제집단 3은 p>.05로 통계적으로 유의미한 차이는 나타나지 않았다.

b. 실험집단과 통제집단들 간의 사전/사후검사의 비교

〈표 Ⅳ-2〉자기 효능감의 실험집단과 통제집단들 간의
사전/사후의 차이 평균

변인	집 단	사전검사		t	p	사후검사		t	p
		M	SD			M	SD		
자기효능감	실험집단	71.60	5.27	.78	.46	89.70	5.93	2.78	.00***
	통제집단 1 (자기주장심리)	68.80	8.88			80.67	11.00		
	실험집단	72.25	5.36	−1.95	.08	90.67	6.27	3.66	.00***
	통제집단 2 (일반진로)	77.33	10.36			76.08	13.75		
	실험집단	72.15	5.15	−1.34	.21	91.38	6.54	5.47	.00***
	통제집단 3 (강 의)	77.31	10.31			77.54	8.59		

*p<.05, **p<.01, ***p<.001

〈표 Ⅳ-2〉에서 볼 때 자기 효능감에 대한 실험집단과 통제집단 간의 차이에서 사전검사에서는 실험집단과 통제집단 1은 유의 확률(p)이 .46, 실험집단과 통제집단 2는 유의 확률(p)이 .08, 실험집단과 통제집단 3 간에는 유의 확률(p)이 .21로 통계적으로 유의미한 차이가 발견되지 않았다(p>.05). 즉 사전검사에서는 실험집단과 통제집단 1, 실험집단과 통제집단 2, 실험집단과 통제집단 3은 통계적으로 유의미한 차이가 없는 동질 집단이었다. 그러나 사후검사에서는 실험집단과 통제집단 1의 비교에서 실험집단은 평균이 89.70이고 통제집단 1은 평균이 80.67로 유의확률이 .00이었다. 실험집단과 통제집단 2의 비교에서 실험집단의 평균은 90.67이고 통제집단 2의 평균은 76.08로 유의확률이 .00이었다. 실험집단과 통제집단 3의 비교에서는 실험집단의 평균은 91.38이고 통제집단 3의 평균은 77.54로 유의확률이 .00이었다. 따라서 사후검사에서는 실험집단과 통제집단 1, 실험집단과 통제집단 2, 실험집단과 통제집단 3에의 평균을 비교한 결과 각각 99.9% 수준에서 통계적으로 유의미한 차이가 나타났다 (p<.001). 즉, 실험집단은 '자기주장 훈련'을 실시한 심리상담 집단인 통제집단 1이나, 일반 진로 집단 상담 집단인 통제집단 2이나, 이론 강의를 수강한 통제집단 3보다 자기 효능감을 상승시키는 데 긍정적 효과가 있음을 시사한다.

c. 질적 분석

자기 효능감이란 자신이 미래의 수행 결과가 성공적일 것이라는 확신의 정도라고 말할 수 있을 것이다. 자기 효능감이 높을수록 보다 적극적으로 자신이 하고 싶은 일에 정진할 수 있을 것이고, 따라서 수행 결과는 더욱 성공적일 수 있을 것이다. 따라서 성공적인 직업 선택과 적응을 위한 진로 상담이 자기 효능감을 향상시키는 기능을 담당하는 것은 매우 중요한 일이라고 생각한다.

* 정○○의 사례는 상담 초기에 대표적으로 자기 효능감이 부족함을 보여준 사례였다. 먼저, 1회기 자기소개 시간에 "저는 의욕만 앞서고, 결과는 안 좋아요"라는 자기 부정적 내용을 언급했다. 이 말은 자신의 일을 처리하는 방식이 효과적이지 않고, 처리 결과에 대해서도 확신이 적다는 말로, 군이 집단 상담 첫 시간에 자기를 소개하면서 단점을 먼저 이야기한다는 측면에서 자기 효능감의 부족을 보여주는 부분이다.

　2회기 때 자신의 장·단점을 보고하는 시간에는 "장점은 잘 웃는다, 자립심이 강하다, 나쁜 일도 좋게 생각하고, 잘못된 점은 고치려 하고, 정말 친한 친구는 소중히 생각하고 믿는다고, 단점은 말을 예쁘게 못 하는 것과 변덕스럽고 결단력이 없다는 점이다."라고 했다. 본 프로그램에서는 장점을 5개 이상, 단점을 2개만 발표하게 제한했는데, 장점을 더 많이 보고하게 함으로서 자신의 장점을 통찰함으로써 자신감을 회복하게 하려는 의도였다.

　3회기 때 자신의 비합리적 신념을 찾고 집단 활동으로 반박하는 과정은 자기 효능감을 향상시키는 데 결정적인 역할을 했으리라고 본다. 3회기 때의 과정을 요약하면 다음과 같다.

> 정○○: 내가 생각한대로 제대로 하지 못한다. 예를 들어 친구를 만날 때 생각을 해놓고도 잘 못 지켜요. 싫은 소리하지 말아야지 해놓고도 해버리고, 연락 안 해야지 해놓고 연락하고, 먹지 말아야지 해놓고 먹게 되고, 끈기도 부족하고, 인내심도 부족하고.
> 상담자: 결과적으로 내 뜻대로 안돼서 본인이 마음에 안 든다고 느끼나 봐요.

정OO: 시험 공부하기로 하고 딴 생각한다든지 인내력이 부족해요.

집단원A: 인내에 대한 생각은 누구나 하는 것 같아요. 저는 바닥에 누우면 그냥 자요. 그래서 저는 공부를 할 때 앉아서 하다가, 점점 퍼져서 자요. 그래 놓고 다음 날이면 내가 그렇지 하고 자신을 탓하는 악순환이 계속되는 거예요. 그게 심해요. 안 하려고 하면서 그 순환에서 못 벗어나니까 답답하지요.

상담자: 그럴 때 어떻게 해결해요.

집단원A: 해결 못 하고 있어요. 그렇지만 해결책은 각자가 다 알고 있을 것 같아요. 그러니까 습관적으로 약속을 지키려고 노력을 해야 해결이 될 거겠지요. 다 알고 있지 않나요.

집단원B: 조금만 조금만하고 미루다가, 결국 못하게 되요. 자기 관리가 중요한 것은 아는데, 잘 안돼요. 행동책은 알겠는데, 잘 안돼요.

집단원C: 랑희는 고민이 많아요. 사소한 것에도 갈등을 많이 해요. 신중하고 생각을 하는 것은 좋지만, 단순하게 생각을 하면 어떨가 싶어요.

정OO: 내가 선택한 것이 나빴던 경험이 있어서 그런 것 같아요. 엄마가 네가 선택한 것은 잘 하는 게 없다고 해요. 엄마도 완벽주의자신데, 엄마는 잘 한 것은 별로 칭찬을 안 하시고, 못 한 것만 자꾸 구박을 하시는 거예요. 그래서 일을 잘 하다 하나 못하면 계속 그 얘기를 하시는 거예요. 그래서 우유부단해 지고, 결정을 잘 못 하겠어요.

집단원D: 정말 급하면 하지 않나요?

정OO: 물론 그렇기는 하지만, 항상 잘 하고 싶은데.

집단원C: 계획을 하면 상황 변인인지, 내 개인이 문제인지를 구별해서 마땅한 방법을 떠올릴 수 있어요. 그리고 계획대로 되지 않는다고 자책할 필요는 없는 것 같아요. OO는 객관적으로 인내심도 있고, 약속도 잘 지키는 편이라고 생각하거든요.

상담자3: 좋은 얘기네요. 도움이 될 것 같은데. 그리고 우리 여기서 확인

좀 한번 해봅시다. 여기서 마음먹으면 그대로 항상 다 지킨다고 생각하는 사람 있으면 손 좀 들어봐요. (없음) 아니면 마음은 먹었지만 잘 안되었던 경험이 있었던 사람은 손 좀 들어보세요. (다 손 듦) 이것 보세요. 실제로 자기 마음먹은 대로 다 하는 사람은 없어요. 물론 더 성실한 사람, 더 독한 사람이 있겠지요. 자책을 할 필요는 없지요. …… ○○씨가 왜 나는 그렇게 못하지 하는 것은 조금. 사람들은 생각하는 대로 다 행동할 수가 없다. 왜냐하면 외부 변수가 있고, 사람들이 모두가 인간적으로 피곤하면 자고 싶단 말이지. 계획을 짜는 것은 좋은데, 조금도 현실에 맞게, 내가 어느 정도 성적을 받아야만 좋은가. 실제로 내가 어느 정도 안 자고 버틸 수 있는 사람인가. 사람마다 다르잖아. 어떤 사람은 잡안자면 전혀 정신을 못 차리는 사람이 있지요. 그런 반면에 아니 사람도 있고. 체력마다 다르잖아. 자신에게 맞는 계획을 짰는지를 묻고 싶어. 그리고 참아야 하는 데 못 참고 싸운다. 그런데 왜 무조건 참아야 하지. 참아야 한다고 계획을 짜는 이유가 뭐지. 싸울 만하면 싸워야지. 그리고 싫으면 안 만나는 방법도 있는데 무조건 참으려고 계획을 쌓았다가, 못 참으면 자책으로 나는 왜 이런 것도 못 참나 하는 것은 ○○씨에게 좋은 게 하나도 없어. …… 그런데 ○○씨 얘기 들으니까, 엄마가 평가하는 분위기를 아까 얘기 했는데, 그런 영향을 받을 수도 있지. 그래서 자신의 결점을 과대 해석한단 말야. 물론 ○○씨의 엄마도 내 자식 잘 되게 하려고 지적한 것이겠지. 그런데 ○○씨 입장에서는 내가 잘 못 하나보다. 안되면 내 선택은 잘못된 것이지 라고 하게 되었나봐. 그러니까 엄마 얘기에 조금 거리를 두는 것도 방법이겠지. 물론 엄마의 선택이 더 현명한 것도 있겠지. 그러나 엄마 식으로 선택했어도 분명 후회되는 것이 있었을 거야. 엄마가 하느님인가 엄마도 100 점의 선택만을 할 수는 없어. 그러니까 자신의 선택에 대해 오히려 지지해주고 엄마에게 반박도 하고. 내가 부족한 사람이라고 생각하지 말고, 엄마는 내가 잘 되라고 한 소리일 뿐이라고 하면서 끊는 연습을 해야지. 그 상황 자체에 대해서는 더 이상 자책하지 말아야 한단 말야. 이제부터는 계획을 짤 때는 미리 현명하고 더 많이 아는 사람에게 물어보라고. 그리고는 이게 얼마나 최선의 선택이었나를 ○○씨가 생각하라고. 우리는 최선으로 해놓고도 후회가 너무 많아. ○○씨가 잘 못 살려고 작정한 것 아닌데, 엄마의 선택도 100점이 아니고. 도움이 되요? 그러니까 나는 끈기력이 없어요. 나는 선택을 잘 못해하는 데서 벗어나요. 엄마가 모르는 변수가 얼마나 많았는데, 내가 최선을 다했다는 것을 북돋워 주어야 한다는 거죠. 못한 것만 생각하지 말고. 이런 부분을 매일 일기를 쓰는 것도 좋은 방법 이예요. 나 잘한 것에 대한 일기요.

이 회기에서 집단원들이 자신들도 마음먹은 대로 되지 않을 때가 많음을 공감해줌으로써 정○○에게 자신만의 문제가 아닌 일반적인 인간의 한계임을 각성할 수 있게 해주었다. 그리고 이 공감 자체가 정○○로 하여금 나만 못하는 것이 아니고, 모두가 노력해야 하는 부분임을 자각함으로써 실추된 자기 효능감을 회복할 기회를 제공해주었다고 생각한다. 상담자가 이 회기에서 초점을 맞춘 부분은 정○○가 불편하게 여기는 끈기력 부족과 선택 갈등에 대해 인간 자체의 불완전성에 대한 수용과 최선의 선택에 대해 자책하지 말자는 부분이었다. 그래서 비합리적 신념인 '언제나 옳은 선택을 해야 하는 데, 나는 옳은 선택을 할 자신이 없다'를 합리적 신념인 '완벽하게 옳은 선택은 없으며, 어떤 선택이든 후회되는 부분이나 아쉬운 부분은 있다. 옳은 선택을 못했다고 자책해야 할 필요는 없다'로 수정하기 위한 논박과정을 거쳤다.

6회기에서 희망 직업을 열거해 보는 영역에서는 "번역, 봉사할 수 있는 직업, 교사, 신문 기자, 디자이너, PD가 해보고 싶은 일이다"라고 하여, 왕성한 의욕을 나타냈다. 상담자는 "삶에 대한 의욕만으로도 정OO씨는 이 세상에 살 이유가 충분한 것 같다"는 언급을 하였다.

7회기에서 직업 가치를 정리해보는 영역에서는 "안정적이고, 봉급이 높으며, 여가 생활을 즐길 수 있는, 근무 시간이 비교적 짧은 직업을 원한다"라고 정리했다. 상담자는 "이러한 가치관에 따라 직업을 명료화시킨다면, 직업을 선택할 때 갈등을 줄일 수 있을 것이다"라는 언급을 하였다.

8회기에서 직업 선택은 "교사가 되기 위해 임용 고사를 2년간 준비하고, 되면 교사 생활을 하다가 나중에 번역 대학원에 도전해보고도 싶다. 만약 인용 고사에서 2년을 떨어지면, 포기하고 번역 대학원을 바로 진학하겠다."로 결정했다. 상담자는 "소신 있는 지원에 축하를 보내며, 결과가 성공적이어야만 가치 있는 인생이 아니고, 실패를 수용하고 새로운 대안을 찾을 수 있는 것이 가치 있는 인생을 만든다. 실패가 두려워 자신 없어 말자"고 재차 다짐했다. 마지막 자기 평가 시간에 "내 생각을 많이 하게 되었어요. 단순하게 생각하니까 결정이 쉬워졌구요. 진로가 확실해져서 너무 기뻐요. 졸업 전에 이런 기회를 얻게 돼서 행운이라고 생각해요."라고 했다.

참가자 자기 평가서에서 ' 실제 생활에 적용한다면 무엇을 적용하겠는가'라는 항목에 "자신에 대한 비관적인 생각을 긍정적

인 생각으로 바꿔 나가는 데에 적용할 수 있겠다.”라고 표시하
였고, “이 프로그램에 참가하면서 자신에 대해 무엇을 알았는
가”라는 항목에는 “생각을 바꾸면 얼마든지 행복해 질 수 있다
는 것과 나에게 너무 자신감이 없었다는 것을 알았다”라고 표
시하였다.

정○○의 경우, 상담자는 자기 효능감이 부족한 학생이라는
평가 아래, 회기 전반에 걸쳐 지지해주고 자기 수용을 강조하
였다. 전반부 선택에서의 자신감 부족이 비합리적 신념의 논박
과정과 후반부 진로 결정에 대한 자신의 의지를 확실히 밝혀내
는 과정을 통해 상당히 극복될 수 있었다고 평가한다.

* 이○○의 사례의 경우도 자기 효능감이 부족했던 학생에게
자기 효능감 측면에서 도움을 줄 수 있었던 사례이다. 1회기에
서 이○○는 “소심하고 발표하기가 힘들다. 그래서 발표 때마다
순서를 미루게 되고, 교사가 되고 싶지만 임용고사에 합격할
수 있을까 두렵고, 교사 생활에 적응할 수 있을 지에 대해서도
자신이 없어요. 취업이 어렵다는 데 걱정 이예요”라고 표현했
다. 이는 교사로서의 자신이나 직장인으로서의 자신에 대한 자
신감이 부족하고, 발표에 대해서도 잘 하지 못할 것이라는 자
신감 부족과 불안을 내포한 반응으로 보여진다.

2회기에서 본인의 장점은 “약속을 잘 지킨다. 인내력이 많
다. 노력형이다. 성실하다. 남의 말을 귀담아 듣는다”이고, 단
점은 “비관적이다. 자신이 없다”라고 하였다. 단점에서도 자기
효능감 부족이 드러나고 있다. 그러나 장점 부분이 성인으로서

대인관계에서나 일의 성취도에 있어서 필요한 과제를 이미 잘 수행하고 있기 때문에 중요한 자질을 이미 많이 갖추고 있음을 보여 주고 있다. 따라서 이 장점들에 대해 상담자는 지지 반응을 보임으로써, 이OO가 자기 효능감을 회복할 수 있도록 중점을 두기로 하였다.

4회기에서 자신의 비합리적 신념을 "제대로 할 수 있는 일이 아무 것도 없고, 그래서 자신이 쓸모없는 것 같다"고 했다. "저는 열등의식이 항상 있는 것 같아요. 수학 풀기 전에는 항상 겁이 나구요. 잘 할 수 없을 것 같아요. 그리고 정OO처럼 저희 엄마도 아주 엄했던 것 같아요. 장녀인데, 항상 혼난 경험이 있구요. 칭찬은 잘 못 들은 것 같아요. 항상 주눅 들어 있고, 선뜻 나서기가 어려워요"라고 했다. 이에 대한 집단원들의 반응은 "오히려 항상 이OO가 부러웠다. 두 마리 토끼를 다 잡고 있지 않나. 동아리 활동도 열심히 하고 있고, 학점도 좋으면서 왜 자신 없어 하는지 모르겠다.", "너무나 열심히 하고 있으면서, 자기만족이 안 되는 것 같다. 자신에게 관대해졌으면 좋겠다." 등이었다. 상담자는 "너무 잘 하려고 하니까 부족하게 느끼는 것 아닌가. 제대로 하고 있는 일이 많으면서 왜 제대로 하지 못 한다고 느끼나. 자신이 해낸 성과물을 객관적으로 보라. 학점이나 과제 성취에서 모두 우수 판정을 받고 있지 않나. 집단원의 반응도 그렇고, 잘 해온 나의 성취물은 우연히 생기는 것은 아니다. 설령 뛰어난 인지 능력으로 쉽게 얻은 것이 아니고 성실함과 노력, 인내로 얻어낸 결과라고 해도, 그것은 아무나 쉽게 얻을 수 있는 결과가 아니다. 노력도 능력이다. 자신의 능력을 믿어라. 이OO의 장점인 성실과 인내와 노력은 이OO의 미래를 지켜줄 수 있는 강력한 도구이다. 자신을 믿었으면 좋겠다. 그리고 혹시 완벽하고 최고이고 싶은 욕구가 크거나, 엄마를 통해서라도 그것이 내재적으로 강요된 것 아닌가. 완벽하고 최고여야만 가치 있다고 느낀다면, 항상 자신이 부족하게 느낄 수 있다. …… 누구나 최고일 수는 없고, 능력은 상대적으로 비교될 수 있는 것이다. 나보다 더 잘하는 사람이 있다고 해서 위협을 느끼거나 의기소침해질 필요 없다. 내게 필요한 부분은 모두 달성해내고 있지 않나. 그 부분을 진심으로 받아들이는 것이 중요하다고 생각한다"라고 했다.

5회기에서 직업 가치는 "문화생활을 할 수 있는 여유가 있고, 사람들과 교류하는 직업, 계속 배워나가며 발전할 수 있는 직업을 원한다고 했다."

6회기에서 의사 결정 유형에서 의존적 유형의 점수가 높게 나타났는데, "남의 시선을 의식하면서 나 혼자 하는 것이 당황스러운 결과이다"라고 했다. 상담자는 "너무 잘 하려고 하지 않으면, 남에게 잘 하는 모습만을 보이려고 애쓰지 않으면, 혼자서도 잘 해 나갈 수 있다"고 언급했다.

6회기에서 희망 직업을 발표하는 영역에서는 "예술가, 연예인, 무대 배우, 사진작가에 관심이 있다"고 해, 예술 영역에 높은 관심을 보였다. 그러나 "사대에 진학한 이유는 안정성을 추구하는 부모의 강력한 추천을 거절할 수 없어서였다"고 했다. 상담자는 성격과 진로 결정의 관계가 밀접함을 말하고, 진로 선택에 있어 자신의 욕구를 최대한 반영해보도록 재검토할 것을 권고했다.

8회기에서 "일단 임용교사를 준비해서 교사가 되고, 재학 중에 컴퓨터 자격증을 취득하겠다"로 계획을 세웠다. 상담자는 "교사의 안정성을 원한다면, 교사가 꼭 되었으면 좋겠고, 자신을 믿으라"고 했다. "그리고 예술 영역에 대한 취미를 살려 교사가 되어도 특활반을 그런 쪽으로 맡아본다든지, 주말이나 방학에 취미 작업에 몰두할 수 있는 것도 이○○의 삶의 활력을 줄 것이다. 너무 맡겨진 일을 잘 하려고만 집중하지 말고, 본인의 삶을 즐기는 데도 에너지를 분산하기를 바란다. 이○○는 성실해서 직장 생활에서 성공적으로 적응할 것이다."라고 지지 반응을 통해 자기 효능감을 상승시킬 수 있도록 강조했다.

마지막 참가 소감 발표에서 "이제 나를 좀 믿어 보아야 겠다는 생각을 하게 되었고, 발표는 연습을 많이 하는 것이 필요할 것 같다고 했다."

자기 평가서에는 "자기 비하적이었던 나를 발견했다", "막연하고 단순하게 교사가 되어야지 하는 마음에 보다 긴장감을 준 기회였고, 이 직업에 대해 더 많이 알게 되어 좋았다. 공부 즉 성적이 나쁘면 인생을 헛살은 것이라는 비합리적 신념을 버리겠다. 좀 더 나 자신에게 관대한 태도를 취하고 자신감을 기르고 싶다"고 했다.

이○○의 사례의 경우, 매우 우수하고 성실한 학생이면서도 자신감이 부족함을 자주 호소하고 있었다. 지지와 완벽성에 관한 비합리적 신념에 대한 논박을 통해 내담자가 자기 수용을 하도록 돕는 것에 중점을 두었다. 이러한 과정이 자기 효능감 회복에 영향을 주었을 것이라고 평가한다.

　* 그 밖에 다음과 같은 자기 평가서의 내용은 이 프로그램이 자기 효능감 향상에 영향을 미쳤을 것임을 짐작하게 해준다.
　"적성검사를 통해 나 자신에 대해서 자신감을 얻었다."
　"성공 콤플렉스나 완벽주의를 탈피하고자 한다. '그래, 내가 이걸 다−해야 되는 건 아니지!'라며 되새기는 일이 있다."
　"자신에 대한 비관적인 생각을 긍정적인 생각으로 바꿔 나가는 데에 적용할 수 있겠다."
　"무조건 자신이 모든 것을 해결해야만 한다는 생각으로 스스로를 힘들게 하는 것에서 벗어나도록 하겠다."
　"스스로도 느끼긴 했지만, 남들 눈에 얼마나 내가 비관적이고 무기력하게 보였는가를 알았다. 앞으로는 말부터라도 긍정적이고 자신감 있는 표현을 해야겠다는 생각을 했다. 그리고 정말 나자 체가 그렇게 바뀌어 가도록 노력하겠다."
　"보다 더 적극적이고 싶은 내 성격을 더 부각시키고 싶다.", "자기 비하 적이었던 나를 발견했다."
　"그동안 너무 자신감이 없었다는 것을 알았다."
　"생각을 바꾸면 얼마든지 행복해 질 수 있다는 것과 나에게 너무 자신감이 없었다는 것을 알았다."
　"나 스스로를 굉장히 격하시키고 있다는 것을 알았다."
　이러한 자각은 앞으로 자기 효능감을 가지고 살도록 자신에게 긍정적인 노력을 할 수 있는 동기를 부여하게 될 것이므로, 자기 효능감 향상에 중요한 역할을 했을 것이라고 평가해 본다.

2. 대인관계 능력 검증 결과

연구 문제 2를 검증하기 위한 t 검증의 결과는 다음과 같다.

a. 실험집단과 통제집단들 각각 사전/사후 t 검증

〈표 Ⅳ-3〉 대인관계 능력의 집단 간 사전-사후 차이 분석

변 인		집 단	사전검사		사후검사		t	p
			M	SD	M	SD		
대인관계		실험집단	135.92	18.36	185.77	13.68	−16.47	.00***
		통제집단 1 (자기주장심리)	135.50	18.48	153.90	17.44	−8.81	.00***
		통제집단 2 (일반진로)	130.75	30.22	143.92	28.11	−1.32	.21
		통제집단 3 (강 의)	138.54	22.77	136.92	16.86	.22	.83
대인관계하위변인	가족	실험집단	49.14	9.64	65.79	6.29	−11.21	.00***
		통제집단 1 (자기주장심리)	47.80	8.48	57.40	6.59	−5.64	.00***
		통제집단 2 (일반진로)	39.75	17.77	42.92	15.60	−.46	.65
		통제집단 3 (강 의)	47.77	13.01	44.54	10.85	.85	.41
	친척	실험집단	38.71	12.42	53.93	10.76	−6.17	.00***
		통제집단 1 (자기주장심리)	38.60	6.20	41.00	8.98	−1.15	.28
		통제집단 2 (일반진로)	37.50	12.54	39.75	11.63	−.75	.47
		통제집단 3 (강 의)	36.85	16.45	37.85	14.46	−.17	.85
	친구	실험집단	51.67	5.16	65.60	5.12	−9.64	.00***
		통제집단 1 (자기주장심리)	49.60	10.30	55.50	6.85	−2.76	.02*
		통제집단 2 (일반진로)	53.83	7.80	55.42	8.12	−.75	.47
		통제집단 3 (강 의)	54.69	6.12	54.38	5.95	.16	.88

*p<.05, **p<.01, ***p<.001

〈표 Ⅳ-3〉에서 실험집단은 대인관계 능력의 사전검사와 사후검사의 평균을 비교한 결과, 사전검사의 평균은 135.92에서 사후검사의 평균은 185.77로 상승하여서, p<.001로 99.9% 수준에서 통계적으로 유의미한 차이가 나타났다. 즉 REBT를 적용한 진로 집단 상담 프로그램을 실시한 실험집단에서 사후에 통계적으로 유의미하게 대인관계 능력이 향상되었다. 통제집단 1에서도 사전검사의 평균은 135.50이고 사후검사의 평균은 153.90으로 상승하여서, p<.001로 99.9% 수준에서 통계적으로 유의미한 차이가 나타났다. 즉 '자기주장 훈련'이 대인관계 능력을 통계적으로 유의미하게 향상시켰다. 그러나 통제집단 2에서는 사전검사의 평균은 130.75이고 사후검사의 평균은 143.92로 유의확률(p)이 .21이었다. 통제집단 3에서는 사전검사의 평균이 138.54이고 사후검사의 평균은 136.92로 유의확률(p)이 .22였다. 즉 통제집단 2와 통제집단 3은 p>.05로 통계적으로 유의미한 차이는 나타나지 않았다.

대인관계 능력의 하위 변인을 보면, 첫째 가족에서 실험집단은 대인관계 능력의 사전검사와 사후검사의 평균을 비교한 결과, 사전검사의 평균은 49.14에서 사후검사의 평균은 165.79로 상승하여서, p<.001로 99.9% 수준에서 통계적으로 유의미한 차이가 나타났다. 즉 REBT를 적용한 진로 집단 상담 프로그램을 실시한 실험집단에서 사후에 통계적으로 유의미하게 자기효능감이 향상되었다. 통제집단 1에서도 사전검사의 평균은 47.80이고 사후검사의 평균은 157.40으로 상승하여서, p<.001로 99.9% 수준에서 통계적으로 유의미한 차이가 나타났다. 즉

'자기주장 훈련'이 대인관계 능력을 통계적으로 유의미하게 향상시켰다. 그러나 통제집단 2에서는 사전검사의 평균은 39.75이고 사후검사의 평균은 42.92로 유의확률(p)이 .65였다. 통제집단 3에서는 사전검사의 평균이 47.77이고 사후검사의 평균은 44.54로 유의확률(p)이 .41이었다. 즉 통제집단 2와 통제집단 3은 p>.05로 통계적으로 유의미한 차이는 나타나지 않았다.

둘째, 친척 변인에서는 실험집단은 대인관계 능력의 사전검사와 사후검사의 평균을 비교한 결과, 사전검사의 평균은 38.71에서 사후검사의 평균은 53.93으로 상승하여서, p<.001로 99.9% 수준에서 통계적으로 유의미한 차이가 나타났다. 즉 REBT를 적용한 진로 집단 상담 프로그램을 실시한 실험집단에서 사후에 통계적으로 유의미하게 자기 효능감이 향상되었다. 그러나 통제집단 1에서는 사전검사의 평균은 38.60이고 사후검사의 평균은 41.00으로 유의확률(p)이 .28이었다. 통제집단 2에서는 사전검사의 평균이 37.50이고 사후검사의 평균은 39.75로 유의확률(p)이 .47이었다. 통제집단 3에서는 사전검사의 평균은 36.85이고 사후검사의 평균은 37.85로 유의확률(p)이 .85였다. 즉 통제집단 1, 통제집단 2, 통제집단 3은 p>.05로 통계적으로 유의미한 차이는 나타나지 않았다.

셋째, 친구 변인에서는 실험집단은 대인관계 능력의 사전검사와 사후검사의 평균을 비교한 결과, 사전검사의 평균은 51.67에서 사후검사의 평균은 65.60으로 상승하여서, p<.001로 99.9% 수준에서 통계적으로 유의미한 차이가 나타났다. 즉 REBT를 적용한 진로 집단 상담 프로그램을 실시한 실험집단에서 사후에 통

계적으로 유의미하게 자기 효능감이 향상되었다. 통제집단 1에서도 사전검사의 평균은 49.60이고 사후검사의 평균은 55.50으로 상승하여서, p<.05로 95% 수준에서 통계적으로 유의미한 차이가 나타났다. 즉 '자기주장 훈련'이 대인관계 능력을 통계적으로 유의미하게 향상시켰다. 그러나 통제집단 2에서는 사전검사의 평균은 153.83이고 사후검사의 평균은 55.42로 유의확률(p)이 .47이었다. 통제집단 3에서는 사전검사의 평균이 54.69이고 사후검사의 평균은 54.38로 유의확률(p)이 .88이었다. 즉 통제집단 2와 통제집단 3은 p>.05로 통계적으로 유의미한 차이는 나타나지 않았다.

b. 실험집단과 통제집단들 간의 사전/사후검사의 비교

<표 Ⅳ-4> 대인관계 능력의 실험집단과 통제집단들 간의
사전/사후의 차이 평균

변인	집 단	사전검사		t	p	사후검사		t	p
		M	SD			M	SD		
인간관계	실험집단	138.90	18.18	.68	.51	188.50	13.14	10.43	.00***
	통제집단 1 (자기주장심리)	135.50	18.48			153.90	17.44		
	실험집단	135.00	18.86	.45	.66	185.33	14.20	4.08	.00***
	통제집단 2 (일반진로)	130.75	30.22			143.92	28.11		
	실험집단	135.92	18.36	-.28	.79	185.77	13.68	7.36	.00***
	통제집단 3 (강 의)	138.54	22.77			136.92	16.86		

*p<.05, **p<.01, ***p<.001

변 인		집 단	사전검사		t	p	사후검사		t	p
			M	SD			M	SD		
인 간 관 계 하 위 변 인	가 족	실험집단	50.10	8.97			66.80	4.44		
		통제집단 1 (자기주장심리)	47.80	8.48	.79	.45	57.40	6.59	4.02	.00***
		실험집단	47.83	9.75			64.92	6.40		
		통제집단 2 (일반진로)	39.75	17.77	1.62	.13	42.92	15.60	4.39	.00***
		실험집단	48.31	9.49			65.38	6.36		
		통제집단 3 (강 의)	47.77	13.01	.13	.90	44.54	10.85	6.24	.00***
	친 척	실험집단	36.90	12.91			54.20	12.00		
		통제집단 1 (자기주장심리)	38.60	6.20	−.41	.69	41.00	8.98	3.30	.01**
		실험집단	36.50	12.03			53.75	11.49		
		통제집단 2 (일반진로)	37.50	12.54	−1.77	.86	39.75	11.63	2.72	.02*
		실험집단	37.69	12.30			53.46	11.05		
		통제집단 3 (강 의)	36.84	16.45	.15	.89	37.85	14.46	2.69	.02*
	친 구	실험집단	51.90	5.76			67.50	3.57		
		통제집단 1 (자기주장심리)	49.60	10.30	.63	.54	55.50	6.85	5.77	.00***
		실험집단	51.75	5.82			66.67	3.92		
		통제집단 2 (일반진로)	53.83	7.80	−.77	.46	55.42	8.12	3.79	.00***
		실험집단	51.77	5.57			66.92	3.86		
		통제집단 3 (강 의)	54.69	6.12	−1.32	.21	54.38	5.95	6.73	.00***

*p<.05, **p<.01, ***p<.001

〈표 Ⅳ-4〉에서 볼 때 대인관계 능력에 대한 실험집단과 통제집단 간의 차이에서 사전검사에서는 실험집단과 통제집단 1은 유의 확률(p)이 .51, 실험집단과 통제집단 2는 유의 확률(p)이 .66, 실험집단과 통제집단 3 간에는 유의 확률(p)이 .79로 통계적으로 유의미한 차이가 발견되지 않았다(p>.05). 즉 사전검사에서는 실험집단과 통제집단 1, 실험집단과 통제집단 2, 실험집단과 통제집단 3은 통계적으로 유의미한 차이가 없는 동질 집단이었다. 그러나 사후검사에서는 실험집단과 통제집단 1의 비교에서 실험집단은 평균이 188.50이고 통제집단 1은 평균이 153.90으로 유의확률이 .00이었다. 실험집단과 통제집단 2의 비교에서 실험집단의 평균은 185.33이고 통제집단 2의 평균은 143.92로 유의확률이 .00이었다. 실험집단과 통제집단 3의 비교에서는 실험집단의 1평균은 185.77이고 통제집단 3의 평균은 136.92로 유의확률이 .00이었다. 따라서 사후검사에서는 실험집단과 통제집단 1, 실험집단과 통제집단 2, 실험집단과 통제집단 3에의 평균을 비교한 결과 각각 99.9% 수준에서 통계적으로 유의미한 차이가 나타났다(p<.001). 즉, 실험집단은 '자기주장 훈련'을 실시한 심리상담 집단인 통제집단 1이나, 일반 진로 집단 상담 집단인 통제집단 2이나, 이론 강의를 수강한 통제집단 3보다 대인관계 능력을 상승시키는 데 긍정적 효과가 있음을 시사한다.

대인관계 능력의 하위 변인을 보면, 첫째 가족에서 실험집단과 통제집단 간의 차이에서 사전검사에서는 실험집단과 통제집단 1은 유의 확률(p)이 .45, 실험집단과 통제집단 2는 유의 확률(p)이 .13, 실험집단과 통제집단 3 간에는 유의 확률(p)이 .90으로 통계적으로 유의미한 차이가 발견되지 않았다(p>.05). 즉 사전검사에서는 실험집단과 통제집단 1, 실험집단과 통제집단 2, 실험집단과 통제집단 3은 통계적으로 유의미한 차이가 없는 동질 집단이었다. 그러나 사후검사에서는 실험집단과 통제집단 1의 비교에서 실험집단은 평균이 66.80이고 통제집단 1은 평균이 57.40으로 유의확률이 .00이었다. 실험집단과 통제집단 2의 비교에서 실험집단의 평균은 64.92이고 통제집단 2의 평균은 42.92로 유의확률이 .00이었다. 실험집단과 통제집단 3의 비교에서는 실험집단의 1평균은 65.38이고 통제집단 3의 평균은 44.54로 유의확률이 .00이었다. 따라서 사후검사에서는 실험집단과 통제집단 1, 실험집단과 통제집단 2, 실험집단과 통제집단 3에의 평균을 비교한 결과 각각 99.9% 수준에서 통계적으로 유의미한 차이가 나타났다(p<.001). 즉, 실험집단은 '자기주장 훈련'을 실시한 심리상담 집단인 통제집단 1이나, 일반 진로 집단 상담 집단인 통제집단 2이나, 이론 강의를 수강한 통제집단 3보다 대인관계 능력 중 가족 관계를 증진시키는 데 긍정적 효과가 있음을 시사한다.

둘째, 친척 변인에서는 실험집단과 통제집단 간의 차이에서 사전검사에서는 실험집단과 통제집단 1은 유의 확률(p)이 .69, 실험집단과 통제집단 2는 유의 확률(p)이 .86, 실험집단과 통제집단 3 간에는 유의 확률(p)이 .89로 통계적으로 유의미한 차이가 발견되지 않았다(p>.05). 즉 사전검사에서는 실험집단과 통제집단 1, 실험집단과 통제집단 2, 실험집단과 통제집단

3은 통계적으로 유의미한 차이가 없는 동질 집단이었다. 그러나 사후검사에서는 실험집단과 통제집단 1의 비교에서 실험집단은 평균이 54.20이고 통제집단 1은 평균이 41.00으로 유의확률이 .01이었다. 실험집단과 통제집단 2의 비교에서 실험집단의 평균은 53.75이고 통제집단 2의 평균은 39.75로 유의확률이 .02였다. 실험집단과 통제집단 3의 비교에서는 실험집단의 평균은 53.46이고 통제집단 3의 평균은 37.85로 유의확률이 .02였다. 따라서 사후검사에서는 실험집단과 통제집단 1은 99% 수준, 실험집단과 통제집단 2는 95% 수준, 실험집단과 통제집단 3은 95% 수준에서 통계적으로 유의미한 차이가 나타났다. 즉, 실험집단은 '자기주장 훈련'을 실시한 심리상담 집단인 통제집단 1이나, 일반 진로 집단 상담 집단인 통제집단 2이나, 이론 강의를 수강한 통제집단 3보다 대인관계 능력 중 친척과의 관계를 증진시키는 데 긍정적 효과가 있음을 시사한다.

셋째, 친구 변인에서는 실험집단과 통제집단 간의 차이에서 사전검사에서는 실험집단과 통제집단 1은 유의 확률(p)이 .54, 실험집단과 통제집단 2는 유의 확률(p)이 .46, 실험집단과 통제집단 3 간에는 유의 확률(p)이 .21로 통계적으로 유의미한 차이가 발견되지 않았다(p>.05). 즉 사전검사에서는 실험집단과 통제집단 1, 실험집단과 통제집단 2, 실험집단과 통제집단 3은 통계적으로 유의미한 차이가 없는 동질 집단이었다. 그러나 사후검사에서는 실험집단과 통제집단 1의 비교에서 실험집단은 평균이 67.50이고 통제집단 1은 평균이 55.50으로 유의확률이 .00이었다. 실험집단과 통제집단 2의 비교에서 실험집단의 평균은 66.67이고 통제집단 2의 평균은 55.42로 유의확률이 .00이었다. 실험집단과 통제집단 3의 비교에서는 실험집단의 1평균은 66.92이고 통제집단 3의 평균은 54.38로 유의확률이 .00이었다. 따라서 사후검사에서는 실험집단과 통제집단 1, 실험집단과 통제집단 2, 실험집단과 통제집단 3에의 평균을 비교한 결과 각각 99.9% 수준에서 통계적으로 유의미한 차이가 나타났다($p<.001$). 즉, 실험집단은 '자기주장 훈련'을 실시한 심리상담 집단인 통제집단 1이나, 일반 진로 집단 상담 집단인 통제집단 2나, 이론 강의를 수강한 통제집단 3보다 대인관계 능력 중 친구와의 관계를 증진시키는 데 긍정적 효과가 있음을 시사한다.

c. 질적 분석

대인관계 능력이란 자신의 주변 사람들과 즐거움이나 어려움을 함께 나눌 수 있는 정도나 사람 수로 평가할 수 있다. 대인관계 능력은 한 사람의 행복지수를 나타내는 중요한 척도가 될 뿐 아니라, 성공적인 직장 생활을 위해서도 필수적인 요소라고 할 수 있다. 따라서 진로 상담에서 대인관계 능력 향상도 추구해야 할 중요 변인이라고 할 수 있다.

 * 김OO의 경우, 순하고 호감이 가는 인상인데, 집단에서 거의 말을 하지 않고 그냥 웃고만 있는 학생이었다. 그녀는 대인관계의 폭이 좁은 것이 자신에게 불만족스러운 부분이라고 해

서, 대인관계 능력을 향상시키는 것에 주안점을 두었다.

1회기에 자기소개 시간에 "대인관계 폭이 좁은 것 같아요. 학년 초 친구와 1년 내내 지내고, 1:1로 대화하는 것을 좋아한다. 사춘기 이후로 폐쇄적인 것 같은데, 더 놓을 수 있을지, 더 친해지고 싶은데."라고 하였다. 물론 1명이라도 자신의 속마음을 이야기를 하고 지낼 수 있다는 것은 다행이라고 할 수 있지만, 대인관계에서 1년 내내 1명과만 지낸다거나 여러 사람들과 함께 하는 것에 불편함을 많이 느낀다면, 사회생활을 위해서도 그렇고 원만한 대인관계를 위해 더 넓은 대인관계를 형성할 수 있는 능력을 키울 필요는 있는 것이라고 보았다.

2회기의 장·단점 발표시간에 "장점은 이해심이 많다. 고민을 잘 들어준다, 솔직하다, 긍정적이다, 친구를 소중히 생각한다. 그러나 요즘은 이용가치로 사람을 사귀는 사람이 너무 많아서 쉽게 못 사귀겠다. 겉치레로 사귀는 것은 친구가 아니다. 단점은 특별히 좋아하는 것이 없고, 의존적이다." 이 회기에 겉치레로 사귀는 것이 싫고, 이용가치로 사람을 사귀는 사람에게 이용당하고 싶지 않다는 이 학생의 생각이 친구를 폭넓게 사귀지 못하게 한다는 생각을 하게 되었다. 그래서 집단원들로 하여금 김OO에게 느끼는 감정을 활발히 발표하도록 유도했다. "남을 편하게 해준다, 얘기가 잘 나오게 한다, 여유가 있어 보인다. 착해 보인다, 다가가고 싶다" 등의 평가가 집단원 사이에서 이루어졌다. 상담자는 김OO에게 "사람들이 자신을 이렇게 생각할 것 같았나요?"라고 질문했다. 김OO는 "친한 친구들은 그럴 것이라고 생각했지만, 처음 보거나 얼굴만 알고 지내는 많은 사람들이 나에게 호감이 없을 것이라고 생각했어요. 그리고 내게 정말 다가오고 싶어 할 것이라고 생각하지 않았어요. 그리고 실은 많은 사람들에게 관심이 별로 없었던 것 같아요" 라고 대인관계에 대한 자기 평가를 하였다. 상담자는 "친구 모두가 항상 진지하고, 모든 것을 함께 나눌 수는 없지 않나요. '친구라면 내 모든 것을 이해해야 하고, 나를 이용해서는 안 된다. 사람들은 그런 면에서 진실하지 않다.' 라는 비합리적 신념을 가지고 있는 것은 아닌지 김○○씨 얘기를 들으며 생각해보았어요. 그렇다면 우리가 친구와 모든 것을 이해할 수 있는지 따져볼 필요가 있어요." 김○○가 "친구에 대한 제 생각은 그래 왔어요." 라고 동의하였고, 상담자는 "우리가 생활을 하면서, 참 많은 사람을 만나게 되고, 물론 진실 되고, 사람들마다에게 최선을 다하려고 하는 자세는 필요하고 아름다운 자세일 거예요. 그러나 사람마다 살아온 방식과 타고난 성격차이가 있어서 항상 친구가 나를 이해해 줄 수 있다거나, 내 마음에 흡족하게 나를 챙겨줄 수는 없어요. 마찬가지로 김○○도 그렇겠지요. 김○○가 여러 사람을 사귀기 어려운 것도 그 많은 사람의 욕구에 적절히 반응하기 어려워서가 아닐까 생각해요. 우리는 항상 이해하거나 이해받을 수 없어요. 한 사람에게도 그렇잖아요. 김○○의 제일 친한 친구가 나를 항상 이해해주지는 않아요. 간혹 오해도 생기고, 서로 섭섭하기도 하잖아요. 하물며 많이 같이 지내본 적이 없는 사람들 간에는 특히 그렇겠지요. 그래서 친구에 대한 기대치를 조금 현실적으로 할 필요가 있어요. 즉 '친구들이 항상 나를 이해해줄 수는 없다. 그러나 내가 그 순간에 내 감정을 솔직하게, 그리고 상대방이 이해할 수 있는 방식으로 표현한다면, 상대방이 들어주게 할 수도 있다. 물론 여러 변인 때문에 상대방이 내 마음에 들게 행동하지 못할 수는 있다. 그렇다고 그 사람과 내 관계가 전혀 무의미한 것은 아니다. 다른 상황에서는 서로의 마음을 이해하고 서로 마음이 통할 수도 있게 될 가능성이 얼마든지 있으니까.' 이런 식이지. 그리고 친구 중에는 더 잘 통하는 친구, 내 아픔을 함께 해 주 친구가 있어서 마음이 더 가고, 더 그리운 친구가 있지요. 그렇다고 그 친구와만 인생을 나눌 수가 없어요. 그런 친구는 그런 친구로 소중히 가꾸고, 매일 일상에서 부딪치는 사람과는 큰 기대 없이 다가오고 싶은 친구도 있으니까 그런 친구 얘기도 들어주고, 밥도 같이 먹고 하면서, 시간이 지나면서 더 친해질 수도 있잖아요. 한 친구와만 너무 모든 것을 나누려고 하면, 좋은 새 친구를 사귈 기회를 스스로 박탈하는 결과를 낳기도 하구요, 친한 한 친구에게 너무 기대하는 것이 많아져서 그 친구를 부담스럽게 할 수도 있다는 것을 생각해보면 어떨까"라고 친구에 대한 비합리적 신념을 논박했다. 김OO는 "그랬던 것 같아요. 그래서 친한 친구 때문에 속상한 적이 많았어요."라고 했다. 상담자는 대인관계를 넓히기 위해 당장 오늘 이 자리에 모인 친구들 중 같이 밥을 먹거나 차를 마시면서 대화해본 적이 없는 친구가 있냐고 물어보고, 그중에서 함께 시간을 맞출 수 있는 사람들과 몇 명이 시간을 지내볼 것을 권유해보았다. 이러한 방법은 실제 행동 연습을 할 기회를 만드는 것인데, 집단 상담에서 쉽게 유도해볼 수 있다. 그러나 내담자 스스로가 친구를 사귀기 위해서는 실제 생활에서 본인의 적극성을 더 요구하기 때문에, 집단 밖에서도 혼자 친구들과 적극적으로 어울릴 기회를 만들도록 또 다른 과제를 부여하는 것이 바람직하다고는 생각했다.

4회기에 비합리적 신념에 대한 논박 과정에서도 좁은 사교 범위에 대한 이야기가 반복해서 나타났고, 집단원들은 "내 다른 친구와 비교하지 말고, 무조건 옆에 있는 친구에게는 그 아이만의 의미를 가지고 먼저 다가가는 게 좋겠다.", "친구에 대한 완벽성을 줄이고, 다가가자" 등의 말을 해 주었다. 상담자는 "직장에서도 그렇고 성인이 될수록 어린 시절 친구처럼 그렇게 모든 것을 나눌 수 있는 친구를 만나기는 쉽지 않아요. 그것은 나이에 따른 사람들의 생활 방식이 다르기 때문에 받아들여야 해요. 그렇다고 친한 사람 없이 생활한다면, 그것은 더 외롭고 쓸쓸하지 않을까요? 완벽한 친구가 없다고 직장에서 혼자 밥 먹고, 혼자 일처리 다 할 것은 아니지 않나요? 이제 김 ○○도 직장생활을 해야 할 텐데, 낯선 직장에서 새로 사람을 사귀고, 사람들이 부서 이동이나 전직, 퇴사 과정을 무수히 겪게 되는 와중에 다양한 사람들과 원만히 지낼 수 있어야 직장생활이 활기찰 수 있는 부분이 있어요. 김○○씨가 대인관계의 폭을 넓혀야 될 이유가 분명히 있고, 본인도 인정한다면, 정말 친구라면이라는 기대를 버리고, 편하게 일상을 함께 의논할 사람들을 만나세요. 그중에 의외의 진주도 있구요, 그런 진주 같은 친구가 없더라도 일상을 함께 해준 것으로 서로 고마울 수 있어요."라고 다시 강조하였다. 2회기 때와 4회기 과정을 통해 김OO는 친구에 대한 가치를 바꿀 수 있는 기회를 많이 가질 수 있었다.

5회기 때, 김OO는 여유 있는 생활을 할 수 있고, 성취욕을 채울 수 있는 직업을 선호한다고 하였고, 그런 측면에서 교사나 일어 관계된 직업을 가지고 싶다고 하였다.

8회기 때, 일단 휴학을 하고 일본 연수를 1년 다녀온 후, 일본어 능력 테스트 점수를 올릴 것이고, 일어 임용 교사는 2년만 준비할 것이고, 안되면 일어 회화를 요구하는 사무직장에 취업하겠다고 했다. 집단 참가 소감 발표 때에는 "너무 많이 생각하고, 부정적 결론을 내리는 적이 많았어요. 특히 친구에 대해서는 더 그랬다는 생각이 들고요. 직업과 내 성격에 대해 더 많이 생각해야겠어요." 라고 했다.

집단 참가 평가서에서는 "항상 자신을 탐구하겠다. 다른 사람을 이해하는 마음이 더 커진 것 같다. 나에게 정말 도움이 되는 조언과 다른 사람들의 생각과 그들의 상황을 통해서 모두의 고민을 생각해보는 기회였다"고 평가하였다.

김OO의 경우, 물론 자기 효능감이나 진로 태도 성숙과 관계된 언급도 여러 차례 나타났으나, 대표적으로 대인관계에 대한 불편과 동기가 분명하였고, 원만하고 다양한 대인관계의 소중함을 토론하고, 다른 사람들의 생각을 진지하게 검토하는 과정을 통해 대인관계 능력 면에서 향상을 보였을 것이라고 평가하였다.

 * 송OO의 사례의 경우, 직선적인 말투와 조금 냉정해 보이는 첫인상을 보였다. 첫 회기에 자기소개 시간에 "수업 안 해

서 좋아요. 집단 상담에 대해 기대하는 것 별로 없어요. 저는 내 얘기 많이 안하고 소극적, 소심하다는 소리를 듣기도 해요. 그렇지만 집에서는 재미있는 얘기도 많이 하는 편이예요. 이런 밖에서의 소심함을 고치고 싶어요."라고 했다. 이 학생의 경우 이지적인 인상에 자신의 감정과 의견을 잘 표현하는 편이나, 대인관계가 넓지 않고 사적으로 친밀한 관계를 형성하는 것이 어려운 상태였다.

2회기 장·단점을 보고하는 시간에 장점으로 "결단력이 있다. 공중 질서를 잘 지킨다. 계획을 잘 세운다. 솔직하다. 잘 웃는다."를 들었고, 단점으로 "좋고 싫은 것이 분명해서 싫은 아이들이 있고, 보수적이다."라고 자기 평가했다. 집단원들의 반응으로는 "머리가 좋은 것 같고, 노트 정리를 잘 하고, 감각 있다, 풍물패도 잘 한다, 잘 챙겨준다."고 하는 같은 과 친구들이 있는가 하면, "냉정하다, 처음 보는 사람과는 말을 잘 하지 않는 것이 눈에 띤다."라는 반응이 있었다. 송○○의 경우, 장점은 인지적인 능력이 다른 사람에 비해 우수하다는 점이 공통점이고, 단점에서 자신의 생각과 마찬가지로 냉정해 보이고, 낯선 사람과 잘 지내지 못한다는 점이다. 그녀의 우수한 능력이 오히려 대인관계에는 부정적인 영향을 끼치고 있는 것으로 보였다. 상담자는 원만하고 넓은 대인관계 형성이 이 학생에게 요구되는 것으로 평가했다.

3회기 때 송○○는 "융통성이 없어서, 내가 정해놓은 선을 넘기는 것을 보면 넘어가기가 싫어요. 그래서 친구들에게도 직선적으로 말해놓고 후회하기도 하고요."라고 하여, 대인관계에서 더 원

만하고 이해심 있는 사람이고 싶어 하는 욕구를 나타냈다. 집단
원들의 반응은 "그렇게 융통성 없다고 안 느낀다. 땅에 떨어진
과자를 털어먹는 것을 보고, 오히려 털털하다고 느낀 적도 있
다.", "과에서 서기 역할 할 때 미안하다고 얼른 말하고 재치 있
고 책임감이 높다고 느꼈다. 너무 완벽하려고 해서 친구를 잘 못
사귄다고 느끼는 것 아닌가" 등이었다. 상담자는 "아까 집단원들
의 이야기를 들어보니, 미안하다는 말도 적절하게 할 수 있고,
떨어진 과자도 먹는다니 자기 기준이 지나치게 융통성이 없지는
않은 것 같기도 하네요. 공중도덕을 소중히 여긴다는 것도 우리
모두에게 참 중요한 과제이구요. 다만 싫으면 싫은거다가 너무
강하면 다른 사람의 다양한 면을 보지 못하고 넘어갈 수도 있을
텐데 하는 마음이 들어요. 물론 내 가치관에 맞지 않는 사람도
있지만, 인간에게는 성자적인 모습과 악마적인 모습이 다 존재한
다고 하잖아요. 물론 모든 사람과 잘 지내려고 하는 것도 에너지
를 뺏겠지만, 너무 싫다는 판단을 빨리 하고 옆에 계속 있을 수
밖에 없는 사람에게 마음을 열지 않는다면, 자신에게도 불편하지
않을까 싶어요. 물론 내가 적절히 잘못한 것은 사과하고, 올바르
게 살기 때문에 다른 사람의 단점에 더 자신 있게 말할 수 있을
수 있지만, 우리가 내 기준을 빼고, 상대를 보면, 그 사람만의 장
점이 있거든. 혹시 너무 쉽게 싫다는 평가를 내려서 친구를 가리
게 되지는 않는지. 그리고 그 싫은 사람이 내 직장 상사거나, 파
로 파트너로 일해야 하는 사람이라면 어떻게 하나 하는 걱정이
드네요."라고 해서 가치를 뛰어 넘는 상대의 수용이 필요함을 강
조했다.

5회기에 송OO은 일의 가치를 "친구들과 어울릴만한 경제적 여유가 있고, 내가 좋아하는 일을 해보고 싶다"고 했으며, 6회기에 희망직업은 광고 카피라이터를 꼽았다. 7회기에 전공과의 연결 측면과 적성을 살펴서 관광 가이드나, 일본어 회화 능력을 살릴 수 있는 직장을 원한다고 했다. 상담자는 일반 고객에게 서비스하는 직업을 원한다면, 특히 사람들에 대한 평가가 너무 빨리 이루어지거나, 그것이 상대에게 전달된다면, 직장 생활에서 다소 부작용이 따를 수 있음을 지적했다. 싫어도 더 대해보고, 싫어도 다 표현하는 것은 손해임을 더 생각해보는 것이 필요할 것이라고 지적했다.

8회기 집단 참가 소감을 말할 때, "싫어할 만한 사람이라서 싫어하는 것이라는 생각은 비합리적 신념이라는 것을 알았다. 사람에 대한 평가를 유보하려고 애쓰겠다"고 했다.

집단 상담 자기평가서에서는 "구체적으로 미래를 생각하게 되었고, MBTI를 통해 서로 다른 성향을 인지하므로 타인을 이해하는데 도움이 되었다. 그동안 나의 생각이 어렸다는 것을 알게 되었다."라고 해서 타인을 있는 데로 수용하려는 자세가 생겨났음을 볼 수 있다.

송OO의 경우, 학점 관리도 철저하고, 우수한 학생이나, 인상이 차고, 자기 기준이 너무나 분명해서 대인관계에서는 호감을 못 줄 수도 있는 자신의 단점을 이번 집단을 통해 알 수 있었을 것이고, 타인을 이해하고 수용하는 것의 중요성을 인식하게 되었을 것이다. 이러한 경험은 대인관계 능력을 향상시키는데 기여했을 것이라고 평가해본다.

* 이외에도 자기 평가서에는 다음과 같은 반응이 나타나 있다.

"불합리한 생각에 대한 서로의 이야기 시간에 한 친구가 눈물을 흘린 일이 기억에 남는다."

"자신의 이야기를 자유롭게 할 수 있었던 것이 너무 좋았다."

"많이 고민하고, 생각하며 서로에게 솔직했던 모습들이 좋았다."

"자신의 합리적이지 못한 부분을 서로 얘기하면 생각을 나눈 것이 좋았다."

"다른 사람들 앞에서 나의 비합리적 신념을 말하면서 친구들의 말을 들었을 때 자신을 많이 돌아보게 되었다."

"학교생활을 하는 가운데 전혀 생각하지 않았던 부분에 대해 생각할 수 있는 기회를 갖게 된 것과 다른 과 학생들과 어울릴 수 있었던 것이 좋았다." 등에서 집단 상담을 통해 사람들의 이야기를 듣고, 자신을 객관적으로 평가하기, 다른 사람의 고민을 들으며, 도움을 주기 등을 통해 대인관계 능력이 향상될 수 있는 경험을 할 수 있었다고 생각한다.

3. 진로 태도 성숙도 검증 결과

연구 문제 3을 검증하기 위한 t 검증의 결과는 다음과 같다.

a. 실험집단과 통제집단들 각각 사전/사후 t 검증

〈표 Ⅳ-5〉 진로 태도 성숙도의 집단 간 사전-사후 차이 분석

변인	집 단	사전검사		사후검사		t	p
		M	SD	M	SD		
진로 태도 성숙	실험집단	103.71	4.92	117.21	4.87	-12.41	.00***
	통제집단 1 (자기주장심리)	101.70	9.13	104.50	7.35	-1.06	.32
	통제집단 2 (일반진로)	107.08	6.92	110.33	5.25	-1.83	.09
	통제집단 3 (강 의)	103.45	7.03	101.82	6.03	1.04	.33

*p<.05, **p<.01, ***p<.001

〈표 Ⅳ-5〉에서 실험집단은 진로 태도 성숙도의 사전검사와 사후검사의 평균을 비교한 결과 사전검사의 평균은 103.71이고, 사후검사의 평균은 117.21로 상승하여서, p<.001로 99.9% 수준에서 통계적으로 유의미한 차이가 나타났다. 즉 REBT를 적용한 진로 집단 상담 프로그램을 실시한 실험집단에서 사후에 통계적으로 유의미하게 진로 태도 성숙도가 향상되었다. 통제집단 1에서는 사전검사의 평균은 101.70이고 사후검사의 평균은 104.50으로 유의 확률(p)이 .32이다. 통제집단 2에서는 사전검사의 평균은 107.08이고 사후검사의 평균은 110.33으로 유의 확률(p)이 .09다. 통제집단 3에서는 사전검사의 평균은 103.45이고 사후검사의 평균은 101.82로 유의 확률(p)이 .33이다. 따라서 통제집단 1, 통제집단 2, 통제집단 3은 p>.05로 통계적으로 유의미한 차이는 나타나지 않았다. 즉, 통제집단들은

연구 기간 동안 진로 태도 성숙도에 통계적으로 유의미한 차이가 나타나지 않았다. 그러나 일반 진로 상담을 실시한 통제집단 2에서 사전검사의 평균은 107.08이고, 사후검사 평균은 110.82로 유의 확률이 .09이다. 따라서 '자기주장 훈련'의 심리 상담을 실시한 통제집단 1(유의 확률 .32)과 이론 강의를 들은 통제 3 집단(유의 확률 .33)에 비해 진로 태도 성숙의 상승효과를 보이고 있다. 이는 일반적 진로 집단 상담이 심리 상담이나 강의에 비해 진로 태도 성숙도를 향상시키는 데 더 효과적임을 시사한다.

b. 실험집단과 통제집단들 간의 사전/사후검사의 비교

〈표 Ⅳ-6〉 진로 태도 성숙도의 실험집단과 통제집단들 간의 사전/사후의 차이 평균

변인	집 단	사전검사				사후검사			
		M	SD	t	p	M	SD	t	p
진로태도성숙	실험집단	104.40	4.38			117.60	3.37		
	통제집단 1 (자기주장심리)	101.70	9.13	.88	.40	104.50	7.35	6.49	.00***
	실험집단	103.25	4.83			116.42	4.74		
	통제집단 2 (일반진로)	107.08	6.92	-1.40	.19	110.33	5.25	5.06	.00***
	실험집단	103.91	4.46			117.45	3.24		
	통제집단 3 (강 의)	103.45	7.03	.15	.89	101.82	6.03	7.29	.00***

*p<.05. **p<.01. ***p<.001

〈표 Ⅳ-6〉에서 볼 때 진로 태도 성숙도에 대한 실험집단과 통제집단 간의 차이에서 사전검사에서는 실험집단과 통제집단 1은 유의 확률(p)이 .40, 실험집단과 통제집단 2는 유의 확률 (p)이 .19, 실험집단과 통제집단 3 간에는 유의 확률(p)이 .89 로 통계적으로 유의미한 차이가 발견되지 않았다(p>.05). 즉 사전검사에서는 실험집단과 통제집단 1, 실험집단과 통제집단 2, 실험집단과 통제집단 3은 통계적으로 유의미한 차이가 없는 동질 집단이었다. 그러나 사후검사에서는 실험집단과 통제집단 1의 비교에서 실험집단은 평균이 117.60이고 통제집단 1은 평 균이 104.50으로 유의확률이 .00이었다. 실험집단과 통제집단 2의 비교에서 실험집단의 평균은 116.42이고 통제집단 2의 평 균은 110.33으로 유의확률이 .00이었다. 실험집단과 통제집단 3의 비교에서는 실험집단의 평균은 117.45이고 통제집단 3의 평균은 101.82로 유의확률이 .00이었다. 따라서 사후검사에서 는 실험집단과 통제집단 1, 실험집단과 통제집단 2, 실험집단 과 통제집단 3에의 평균을 비교한 결과 각각 99.9% 수준에서 통계적으로 유의미한 차이가 나타났다(p<.001). 즉, 실험집단 은 '자기주장 훈련'을 실시한 심리상담 집단인 통제집단 1이나, 일반 진로 집단 상담 집단인 통제집단 2이나, 이론 강의를 수 강한 통제집단 3보다 자기 효능감을 상승시키는 데 긍정적 효 과가 있음을 시사한다.

c. 질적 분석

진로 태도 성숙이란, 직업에 대해 얼마나 구체적이고 현실적으로 인지하고, 준비하고 있는가에 대한 정도라고 할 수 있다. 따라서 진로 태도 성숙은 성공적인 직업 생활의 시발점 척도가 된다고 할 수 있다. 시작부터 준비가 탄탄하다면, 직업에 적응하는 시간도 단축되고 안정을 도모할 수 있기 때문이다.

* 신OO의 경우, 오래 동안 교사에 대한 꿈을 키워왔지만, 그 이유는 자신의 적성이나 흥미, 성격에 대한 검토보다는 가족 형편, 부모의 기대가 우선시 된다는 것이었다. 따라서 진로에 대한 여러 측면을 검토하고, 다시 한번 교사에 대한 희망사항을 조율해볼 필요를 느끼게 했다.

1회기에 신OO는 "오랫동안 좋은 수학 선생님이 되고 싶었는데, 임용고시가 어렵고 하니까 요새는 자신감이 없어요. 그리고 과외 아르바이트할 때 상식을 벗어난 학생을 가르칠 때 이해가 안 되는 측면도 많았어요. 그래서 선생님이 제게 맞는지 잘 모르겠고 그 부분을 함께 이야기해보고 싶어요."라고 했다. 진로 탐색을 위한 여러 가지 검사와 고찰이 필요한 학생이라는 평가를 하게 되었다.

2회기의 장·단점 보고 시간에 장점을 "솔직하다, 긍정적이다, 어른에게 예의바르다, 양보를 잘 한다, 책임감이 강하다" 그리고 단점을 "소심하다, 유머가 없다"고 했다. 집단원의 반응은 "믿음직하다, 애교가 많다, 열심이다"라는 것이 많았고, "안

친했을 때는 무서워보였다"는 반응이 있었다. 상담자는 위의 장점이 교사로서의 자질로 잘 부합되는 면이 많은 것 같다고 이야기했다.

3회기에서 비합리적 신념을 논박하는 과정은 다음과 같다.

신○○: '내가 한 일이 실패하면 큰일이야'가 있어요. 자매 중 큰 딸이예요. 집 안에 아들 형제가 없기 때문에 잘 해야 한다는 생각을 어느 때부턴인가 했어요. 시골 같은 데 내려가도, 큰집이 늦둥이로 아들을 낳았는데, 장손이다 소리 들으면서, 나는 내가 잘 되어야 부모님을 모실 수 있어가 있어요. 그 부분이 저는 제일 아파요.

상담자: 그럴 수 있어요.

신○○: 그게 가슴 아프게 나와요. 일이 못 풀리면, 특히 성적이 못 나오면 그것 자체보다, 이렇게 나쁜 성적이 쌓이면 나중에 우리 부모님을 어떻게 하나 식으로 꼭 연결을 시켜요. 스스로 어릴 때부터 그런 부분이 있는데 해결책을 모르겠어요. 이렇게 생각하는 것이 잘못이라고는 느끼는데 잘 안 고쳐져요. 쉽지가 않아요.

집단원A: 옆에서 보면 잘 하려고 노력하고, 잘 안되면 크게 받아들이는 것 같아요. 부모님 걱정도 그렇고. 시험 하나도 너무 크게 생각하는 것 이예요. 나중에 큰 영향을 줄 것도 아닌데, 저도 그렇고 ○○도 그렇고. 그래서 저는 자신의 생각을 바꾸려고 굉장히 노력해요. 지금 이 순간만 그런 생각이 드는 거야. 별 일 아니야 하고. 그게 도움이 되었던 것 같아요. 쉬운 일이 아니지만, 가족에게 직접적으로 큰 영향을 주는 것이 아니면 너무 크게 생각하지 말자 그런 식으로.

집단원B: 언제나 나쁜 일이 있는 것도 아니고. 인생이 그런 건데. 인생이 긴 것도 아닌데, 극복하고 좋은 면만 봐야지 하고 생각을 해

요. 이건 다른 얘기지만, 점심을 같이 먹을 사람이 없어서 굶어
도 그럴 수도 있는 거지 하는 거죠. 그렇게 답답하게 받아들이는
거죠.

상담자: 혼자라도 먹으면 되지가 되면 더 좋죠. 어쨌든 답답하게 받아
들이자는 참 적절한 것 같네요. 여기 딸만 있는 집 있어요? 이
사람들이 얘기를 하면 더 도움이 될 것 같은데, 부모에 대한 부
담감을 어떻게 풀고 있는지 얘기 좀 해 줄래요?

집단원C: 저도 딸 둘의 맏이인데, 부모님이 기대하고 그러죠. ○○는 정
말 열심히 하는 데 그렇게 최선을 다한 것만으로 결과에 너그러
운 마음으로 받아들여야 될 것 같아요. 고등학교 때 저도 시험
하나 못보고 막 울었었는데, 지금 생각해보면 아무것도 아니잖아
요. 그러니까 작은 것 하나를 크게 생각해 가지고 걱정하기보다
는, 크게 봐가지고 앞으로 내 미래에 필요한 일에 최선을 다한
다는 생각만 가지면 될 것 같아요. 저는 열심히 하고, 시험을 못
봐도 앞으로 잘 되겠지 하고 생각하거든요.

집단원D: 아들만 있는 집에 막내거든요. 저희 형이 임용고사 떨어진 후 제
게 압박감을 엄청 주시지만, 견디고 있거든요. 저는 직장 경험도 있
고, 집이 망하면, 당장 아무 곳에도 취직할 수 있지만, 지금은 목표
를 정하고 거기로 나아가는 과정이 중요하다고 생각해요.

상담자: 잘 해야 한다+부모님 노후 책임을 지려니 ○○씨의 집이 얼마
나 크겠어요.

집단원E: 저는 이렇게 해결을 보았어요. 저희 집은 제가 막내이지만,
오빠는 목사님이 되실 거라 어차피 집에 도움이 안 되고, 언니는
소위 말하는 날라리여서 솔직히 제가 책임감을 많이 느끼고 있
어요. 부모님이 제게 솔직히 너는 우리의 노후 대책이 되어야 한
다고 자주 말씀하시거든요. 대놓고. 투자다 라고 해요. 그래서 인
화랑 비슷한 생각을 많이 했거든요. 그런데 세월이 지나고 보니
까, 언니가 결혼해서 형부랑 부모님을 모시고 살게 되더라고요.

꼭 내가 하지 않아도 동생이라도 부모님을 모실 수도 있고. ○○ 가 내가 꼭 해야만 한다고 아니라 동생이 할 수도 있고, 부모님 도 계속 힘이 있으실 수도 있고. 무조건 부모님은 내 몫이다에서 벗어나라고 얘기하고 싶어요.

상담자: E의 얘기가 도움이 될 것 같은데, 나 아니면 큰일 날 것 같지 만. 실은 나 아니면 큰일 날 일이 사실 별로 없어요. 그리고 ○○ 씨가 너무 그렇게 책임감이 강하면, 오히려 다른 형제들은 언니 가 알아서 하겠지 하고 계속 ○○씨에게 미루게 된단 말야. 그 러니까 장녀니까 배우자, 직장도 다 부모 잘 모실 쪽으로만 생각 하게 된다면 ○○씨가 원하는 것을 계속 줄여나갈 수밖에 없어 요. 세상에 어떤 부모가 말은 그렇게 한다고 해도 너는 우리가 반드시 먹고 살 것을 마련할 사람을 데려와야 돼. 그리고 반드 시 교사가 되어야 해. 왜냐 하면 우리가 먹고 살아야 되니까 하지 않는 다고. 내가 안 되어도 부모님이 그 날로 갑자기 돌아 가시는 게 아니예요. 그리고 동생들도 부모에게 잘 할 수 있도록 가르치는 것이 오히려 ○○씨의 몫이겠지. 그러니까 생활비도 동 생과 의논하고. ○○씨에게만 모든 짐이 놓이는 게 아니예요. 세 상은 내가 없어도 또 어떻게든 돌아가는 것이거든. 그러니까 ○○ 씨가 교사가 된 다면 부모님에게 보람은 드리는 거지만, 내가 반드시 교사가 되어야 하는 것은 아니란 말야. 혹시 부모가 그렇 게 생각한다면 오히려 일깨워드려야지. 우리가 누구를 위한 삶을 산다고 하면 참 아름다워 보이지만, 그것이 본인을 참 힘들게 하 지요. ○○씨가 부모님에게 만족스러운 삶을 사는 것을 기쁨과 보 람 정도로 생각해야지. 짐이 되면 너무 힘들잖아. 부모님이 그렇 지 않을 거야. 그리고 한 형제가 너무 희생적이면 다른 사람들은 자꾸 의존적이 된단 말야. 그러니까 너무 한 성격으로 자신을 만 들 필요가 없어. 다 살면서 길이 생기는 것인데, 너무 부모님에 대한 생각을 큰 비중으로 하지 말라구요. 교사 안 되면 부모님이

너무 부끄럽게 생각할 리가 없어요. 내가 지금보다 훨씬 나빠져도, 부모와 나의 관계는 계속 유지되는 것인데 너무 걱정하지 말라구요. 부모 자식 관계는 쉽게 끊기는 것이 아니에요. 그리고 관계는 언제든 바뀔 수 있거든. 지금 매일 엄마와 싸우는 사람이 이 중에 있다고, 죽을 때까지 엄마와 사이가 안 좋을 것은 아니예요. ○○씨가 일종의 효녀 콤플렉스를 안고 있는 것 같은데, 오히려 더 편안하게 부모님을 대하고, 동생에게 동생 짐을 주고 이렇게 가야지 ○○씨에게 부담이 덜 하지. 그래야 관계가 더 좋고. ○○씨에게 도움이 될 글이 마침 있어서 말 해 줄게요. 〈내가 좋아서 한 일〉이라는 글인데. 필자는 할머니의 친정 나들이에 함께 했던 5살 시절, 할머니 등에 업혀 가는 것에 대한 보답으로 할머니 옷고름에 솜 놓아준다고 장담해서 할머니를 기쁘게 한 적이 있었답니다. 그러나 할머니의 임종에 손녀는 왜 벌써 가시냐고, 옷고름에 솜도 아직 못 놓아드리지 않았느냐고 했답니다. 그랬더니 할머니가 내가 좋아서 그냥 한 일이지 무슨 대가를 바라고 했겠느냐고 하시더랍니다. 내가 무슨 얘기를 하고 싶은지 알겠죠. 너무 크게 생각하지 말라는 거예요. 부모님의 미래 전체를 책임지겠다고 생각하지 말고, 지금 부모와 즐거운 시간을 많이 만드는 것에 오히려 신경을 많이 쓰라는 거지 그게 모든 부모님이 원하는 거야.

집단원F : 저도 엄마가 집 안에서 큰 역할을 하세요. 엄마가 바쁘고 피곤한 생활을 하셨어요. 엄마는 그렇게 힘든 일도 하는데, 왜 나는 못하나. 엄마보고 잘 해야 한다고도 느끼고. 그래서 한참은 엄마 생각만 해도 눈물나고. 이제는 그렇게 생각을 해요. 엄마는 항상 마음속에 있어요. 그렇다고 부담스러운 것은 아니구요. 부모님을 압박감으로는 느끼지 않거든요. 좀 더 시간이 지나고, 많은 생각을 하고 나면, 편해지지 않을까 생각해요. ○○는 좀 정석이예요. 항상 열심히 하는 것 좋기는 하지만, 완벽성을 추구하는 사람 중에 한 사람이라 그런지 너무 잘하려고만 하는 것 같아요. 다른 사람들 시각에서도 다양하게 삶을 바라보았으면 좋겠어요. 조금은 삶을 부드럽게 살았으면.

상담자: 그래, 다른 친구들도 비슷하게 부담 느낄 집안 분위기지만, 그렇게까지 부담 안 느끼고 산다고 하잖아. ○○도 그렇게 해보자. 우리부모가 교사 돼서 돈 벌어오라고 나를 키운 게 아니라고. 그러니까 대학 때 밖에 못해볼 일은 지금 해보고도 살자고. D씨는 부모가 그렇게 부담 가는 얘기를 하셔도, 나는 교사 안 될 거예요 하잖아. 그렇다고 D씨가 나쁜 아들은 아니라고. 정말 필요하면 당장 나가 돈 벌 거오는 하고 있지만, 내가 좋아하는 일 하면서 살겠다고 하잖아요. 그러니까 ○○씨도 자신이 좋아하는 일 중간 중간에 하며 살라구요. 부모가 원하는 것만 생각하지 말고, 나 하고 싶은 것도 생각을 해보자. 참 지금이 아까운 시기라구요.

라고 해서 "부모를 잘 모시기 위해서는 안정적인 교사가 되어야 하고, 그러기 위해서는 시험을 망치거나 성적이 못 나오면 큰일이야"라는 비합리적 신념을 논박하는 과정을 거쳤다. 집단원의 적극적 참여가 신○○에게 보다 현실적인 진로 선택과 준비가 필요함을 각성시켰을 것이라고 본다.

5회기에 일의 가치를 파악하는 시간에 쪼들리지 않는 삶, 내가 좋아하는 일을 하고 싶다고 했다. 6회기에 희망 직업 열거하기에 지질학자, 기자를 하고 싶기도 하다고 했다.

7회기에서 직업 가치를 평가하는 항목에서 자율적이고, 장래성이 있으면서, 자기 개발을 할 수 있는 직업을 높게 평가하였다. 결론적으로는 프리랜서 전문직을 원한다는 평가를 하였다.

8회기에서 최종 직업 선택에서 교사가 되기 위해 임용고시를 3회까지 볼 것이고, 교사가 되는 것과 상관없이 대학원을 진학하겠다. 대학원을 재학하며, 교사생활 병행 여부는 나중에 더 생각해볼 수 있다.

참가 소감 발표 시간에 "진로에 대해 깊이 생각하는 계기가 되었어요."라고 했고, 자기 평가서에서는 "교사라는 직업에 대해 많이 생각하고 신중하게 되었다. 무엇을 결정할 때 막연하게 머리 속으로 생각하기보다 고려사항을 항목별로 적어놓고 스스로 답하는 것이 큰 도움이 됨을 느꼈다."라고 하여, 현실적이고 구체적인 정보 탐색 과정을 경험하고 있음을 발견했다.

신OO의 경우, 성실하고, 책임감도 강해서 직장에서 잘 적응할 자질을 가지고 있기는 하지만, 부모 부양에 대한 막중한 책임감 때문에 자신의 적성이나 희망을 고려해볼 여유가 없이 막연한 진로 선택을 하고 있는 상태였다. 이 학생의 경우, 진로 탐색 과정과 부모에 대한 부담감을 해소할 수 있는 긍정적인 생각을 수렴하는 것이 중요하다고 평가하였다. 여러 집단원들의 적극적인 도움으로 부모에 대한 생각을 좀 더 편안하게 바꿀 수 있었으며, 자신의 욕구를 살펴보는 좋은 계기가 되었을 것이다. 신OO는 교사가 돼서 안정적인 생활을 영유해보는 것을 완전히 버리지는 않았지만, 생활이 보장만 된다면, 공부를 더 하고 싶고, 그것이 자신의 흥미와 취미인 것을 알게 되었다. 상담자는 전문직 여성이 되기 위해서가 아니라도, 직장에 다니면서 자신의 능력 개발을 위해 반드시 대학원 진학을 해볼 것을 강하게 지지해주었다.

이번 집단 상담의 경험은 여러 단계의 진로 탐색을 통해 현실적이면서, 자신의 욕구에 부합하는 진로를 선택할 수 있도록 신○○를 도왔다고 평가할 수 있다.

* 남궁○○의 경우, 적성에 맞지 않는 과에 적응하기 어려운 상태로 3년을 보내고 있어서 진로 상담이 필요한 학생이었다. 그리고 자신감이 부족해서 진로 수정을 감행하지 못할 소지가 많아서 지지와 적극적인 진로 탐색을 실시해야 할 상황이었다.

1회기 자기소개시간에 "사람들 앞에서 발표할 때 자꾸 떨리고 생각도 안 나고 해서 교사가 될 수 있을지 모르겠다. 특히 수학을 좋아하지도 않아서, 3년이나 전공이 안 맞아서 고민만 했다. 그러나 바꾸기가 겁나서 그대로 있었다. 자신감이 생겨서 새 길을 가고 싶은데, 구체적으로 새 길이 무엇인지도 모르겠다."했다.

2회기에 장·단점 보고 시간에는 "장점은 친구나 가족의 기념일을 챙긴다, 좋은 것은 양보한다, 음식을 나누어 먹으려고 한다, 한번 사귀면 오래 간다."고 했다. "단점은 힘든 것은 미리 포기하고, 강한 자에게는 끌려가고, 약자에게 고집을 부린다"고 했다. 집단원의 반응은 "친구들의 기념일을 잘 챙기고, 따스하다, 눈이 동그랗고 순하게 생겼다, 칠판도 솔선수범해서 지우는 봉사정신이 있다" 등이었다. 상담자는 뛰어난 외모를 가지고 있으면서, 왜 자신감이 없는지 안타깝다. 예쁘고 친절하고, 헌신적이라면 어느 직장에서도 환영받을 수 있음을 강조했다.

3회기에 비합리적 신념을 나누는 시간에 남궁○○는 "엄마가 나는 언니 같은 며느리가 좋지, 너 같은 며느리는 싫다고 한 적이 있어요. 저는 남이 별로 좋아할 짓을 안 해요. 그래서 그냥 친한 사람과만 지내요."라고 해서, 부정적인 자아 개념을 표현하고 있었다. 집단원의 반응은 "너무 좋은 인상이다.", "생각이 너무 소극적이다" 였다. 상담자도 "절대 호감 안 가지 않으며, 남이 안 좋아할 면이 무엇인지 구체적이고 객관적으로 파악해보자. 엄마가 그렇게 말해서 상처가 되었던 것 같은데, 부모-자식 간에도 더 맞는 성격이 있다. 엄마가 그렇게 말한 것은 안타까운 일이나, 그것이 남궁OO에 대한 모든 사람의 평가가 아님을 인식해야 한다. 그리고 거기서 앞날을 설계해야 한다. 자신의 가치는 남의 평가에 의해 내려지는 것이 아님을 우리 모두는 인식해야 한다"고 강하게 논박하였다.

5회기에 일의 가치에서 "최소 비용 이상만 수입이 있으면 되고, 지겹지 않은 일을 하고 싶다. 그리고 일을 그렇게 열심히 하고 싶지는 않다." 고 했다. 상담자는 "모두가 반드시 일을 열심히 해야 하는 것은 아니다. 내가 그 결과를 받아들일 수만 있으면, 자유 경쟁체제에서 일을 열심히 하지 않는 것을 선택할 수도 있다. 지겹지 않고 재미있는 일을 찾기를 바란다고 했다."

6회기에 희망 직업 열거에서 남궁OO은 실내 장식을 선택했다. 현재 학과와 무관하지만, 자신이 재미있어 하는 일을 탐색하는 것이 중요함을 강조하고 지지해주었다.

7회기에 직업 가치에서, 근무 시간이 적당하고 자율적인 환경을 원한다고 하며, 사서나 책방 주인도 좋겠다는 이야기를 했다.

8회기 최종 선택에서 1년 휴학하고 일본에 어학연수를 계획하고 있으며, 만화가나 번역가, 실내 장식 쪽 공부를 계획해 보고 싶다고 했다.

참가 소감 발표 시 "체념하지 않고, 긍정적으로 살겠다"고 했고, 자기 평가서에는 "나의 적성과 성격을 측정해 본 것이 흥미로웠다. 직업 선택에 대한 나의 적성과 흥미, 관심을 앞으로 직업에 반영해야겠다."라고 자기 평가했다.

남궁OO의 경우, 눈에 띄게 예쁜 외모를 가지고 있고, 착한 학생인데도 불구하고, 흥미도 의욕도 부족한 상태로 집단 상담에 참가하였다. 엄마의 부정적 평가와 사람들이 별로 자신을 좋아하지 않을 것이라는 부정적 자아 개념, 소극적 대인관계, 진로 태도 미숙을 다 보이고 있는 상태였다. 자기 수용의 중요성, 인간 가치에 대한 논박을 통해 자신감을 고취시키려고 했고, 일의 가치, 성격 유형, 희망 직업, 적성, 직업 가치 등을 탐색하는 과정에 적극적으로 참여시키려고 중점적으로 노력했다. 8회기에 만화나 실내 장식, 번역이라는 희망 직업을 찾아낼 수 있었고, 일본 어학연수를 계획한다고 해서, 진로 결정에 이번 집단 상담이 좋은 역할을 했음을 알 수 있다. 본인이 원한다면, 상담자는 어학연수 후 개인 상담으로 연결해서, 진로 선택에 더 많은 도움을 주었으면 하는 생각이 든다.

* 이 외에도 진로 태도 성숙을 보여 주는 자기 평가서 반응이 있는데, 다음과 같다.

"멀게 느껴졌던 직업 선택이 무척 가깝게 다가왔다."

"진로 선택에 적용하고 싶다."

"삶의 목표를 구체적으로 세우는 것이 중요한 것 같다."

"성실성과 계획성이 많이 필요하다는 것을 알았다."

"가치관과 성향을 보다 구체적으로 알게 되었다."

"정보와 숙고를 통한 계획된 삶을 살아야 하겠다."

"진로에 대해서 너무 막연한 생각을 하고 있었다."

"흥미와 적성이 일치하지 않고 있다는 것을 알았다."

" '나는 어떤 사람인가' 라는 물음에 대답할 수 있을 정도로 어느 정도 체계가 잡힌 것 같다."

"정보탐색, 진로 결정에 대한 실천력을 길러서 보다 적극적으로 준비해야겠다."

"비합리적 신념을 바꾸기 위해서는 시간이 많이 필요하고, 생각을 많이 해야 할 것 같다. 진로에 대해 더 큰 확신이 섰고, 교사 외에 다른 직업도 생각해 보아야겠다."

"이 집단 상담을 하기 전에는 나의 진로 결정 상태가 불확실했는데, 지금은 거의 확실하게 결정한 상태이다."

라고 평가하고 있어서, 진로 태도 성숙에 이 집단 상담이 긍정적인 효과로 작용했음을 알 수 있었다.

4. 의사 결정 유형 검증 결과

연구 문제 4를 검증하기 위한 t 검증의 결과는 다음과 같다.

a. 실험집단과 통제집단들 각각 사전/사후 t 검증

⟨표 Ⅳ-7⟩ 의사 결정 유형의 집단 간 사전-사후 차이 분석

변 인		집 단	사전검사		사후검사		t	p
			M	SD	M	SD		
의 사 결 정 유 형	합 리 적	실험집단	7.79	2.29	9.50	.65	-2.97	.01**
		통제집단 1 (자기주장심리)	7.30	1.64	6.20	2.49	1.44	.19
		통제집단 2 (일반진로)	7.92	2.11	8.92	1.51	-2.87	.02*
		통제집단 3 (강 의)	6.92	1.71	7.00	2.16	-.11	.92
	직 관 적	실험집단	5.43	2.34	3.00	1.57	5.09	.00***
		통제집단 1 (자기주장심리)	5.70	1.77	5.80	1.99	-.17	.87
		통제집단 2 (일반진로)	4.75	1.86	5.67	1.87	-1.35	.20
		통제집단 3 (강 의)	5.85	2.08	5.23	1.96	1.48	.17
	의 존 적	실험집단	4.21	2.58	1.64	1.15	4.93	.00***
		통제집단 1 (자기주장심리)	4.10	2.42	3.70	1.70	.51	.62
		통제집단 2 (일반진로)	2.92	2.27	2.50	1.98	.40	.70
		통제집단 3 (강 의)	2.85	2.23	2.62	2.40	.26	.80

*p<.05, **p<.01, ***p<.001

⟨표 Ⅳ-7⟩에서 실험집단은 의사 결정 유형의 사전검사와 사후검사의 평균을 비교한 결과, 의사 결정 유형의 하위 변인에

서, 첫째 합리적 의사 결정 유형에서 실험집단은 합리적 의사 결정 유형의 사전검사와 사후검사의 평균을 비교한 결과, 사전 검사의 평균은 7.70이고 사후검사의 평균은 19.50으로 상승하여서, p<.01로 99.% 수준에서 통계적으로 유의미한 차이가 나타났다. 즉 REBT를 적용한 진로 집단 상담 프로그램을 실시한 실험집단에서 사후에 통계적으로 유의미하게 합리적 의사 결정 유형의 점수가 향상되었다. 일반적 진로 집단 상담을 실시한 통제집단 2에서도 사전검사의 평균은 7.92이고 사후검사의 평균은 8.92로 상승하여서, p<.05로 95% 수준에서 통계적으로 유의미한 차이가 나타났다. 즉 '일반적 진로 집단 상담'이 합리적 의사 결정 유형의 점수를 통계적으로 유의미하게 향상시켰다. 그러나 통제집단 1은 사전검사의 평균은 7.30 사후검사의 평균은 6.20으로 유의 확률(p)은 .19이고, 통제집단 3은 사전검사의 평균은 6.92, 사후검사의 평균은 7.00으로 유의 확률(p)은 .92로 각각 p>.05로 통계적으로 유의미한 차이는 나타나지 않았다. 즉 '자기주장 훈련' 심리 상담을 실시한 집단이나 강의를 들은 집단에서 본 연구 기간동안 합리적 의사 결정 유형 변화에 통계적으로 유의미한 차이는 나타나지 않았다.

둘째, 직관적 의사 결정 유형 변인에서는 실험집단은 직관적 의사 결정 유형의 사전검사와 사후검사의 평균을 비교한 결과, 사전검사의 평균은 5.43에서 사후검사의 평균은 3.00으로 하락하여서, p<.001로 99.9% 수준에서 통계적으로 유의미한 차이가 나타났다. 즉 REBT를 적용한 진로 집단 상담 프로그램을 실시한 실험집단에서 사후에 통계적으로 유의미하게 직관적 의

사 결정 유형의 점수가 하락하였다. 그러나 통제집단 1은 사전 검사의 평균은 5.70이고 사후검사의 평균은 5.80으로 유의 확률(p)은 .87이고, 통제집단 2는 사전검사의 평균은 4.75, 사후검사의 평균은 5.67로 유의 확률(p)은 .20이다. 통제집단 3은 사전검사의 평균은 5.85, 사후검사의 평균은 5.23으로 유의 확률(p)은 .17로, 통제집단 1, 통제집단 2, 통제집단 3이 사전, 사후검사의 평균을 비교한 결과 각각 p>.05로 통계적으로 유의미한 차이는 나타나지 않았다. 즉 '자기주장 훈련' 심리 상담을 실시한 집단과 일반적 진로 집단 상담을 실시한 집단, 이론 강의를 들은 집단에서 본 연구 기간동안 직관적 의사 결정 유형 변화에 통계적으로 유의미한 차이는 나타나지 않았다.

셋째, 의존적 의사 결정 유형 변인에서는 실험집단은 의존적 의사 결정 유형의 사전검사와 사후검사의 평균을 비교한 결과 사전검사의 평균은 4.21에서 사후검사의 평균은 1.64로 하락하여서, p<.001로 99.9% 수준에서 통계적으로 유의미한 차이가 나타났다. 즉 REBT를 적용한 진로 집단 상담 프로그램을 실시한 실험집단에서 사후에 통계적으로 유의미하게 의존적 의사 결정 유형의 점수가 하락하였다. 그러나 통제집단 1은 사전검사의 평균은 4.10이고 사후검사의 평균은 53.70으로 유의 확률(p)은 .62이고, 통제집단 2는 사전검사의 평균은 2.92이고 사후검사의 평균은 2.50으로 유의 확률(p)은 .70이다. 통제집단 3은 사전검사의 평균은 2.85이고 사후검사의 평균은 2.62로 유의 확률(p)은 .80으로, 통제집단 1, 통제집단 2, 통제집단 3이 사전, 사후검사의 평균을 비교한 결과 각각 p>.05로 통계적으로 유의미한 차이는 나타나지 않았다. 즉 '자기주장 훈련' 심리 상담을 실시한 집단과 일반적 진로 집단 상담을 실시한 집단, 이론 강의를 들은 집단에서 본 연구 기간동안 의존적 의사 결정 유형 변화에 통계적으로 유의미한 차이는 나타나지 않았다.

b. 실험집단과 통제집단들 간의 사전/사후검사의 비교

〈표 Ⅳ-8〉 의사 결정 유형의 실험집단과 통제집단들 간의 사전/사후의 차이 평균

변 인		집 단	사전검사 M	SD	t	p	사후검사 M	SD	t	p
의 사 결 정 유 형	합리 적	실험집단 통제집단 1 (자기주장심리)	8.00 7.30	2.21 1.64	.72	.49	9.30 6.20	.67 2.49	3.83	.01**
		실험집단 통제집단 2 (일반진로)	7.50 7.92	2.35 2.11	-.49	.64	9.42 8.92	.67 1.51	1.32	.21
		실험집단 통제집단 3 (강 의)	7.62 6.92	2.29 1.71	.76	.46	9.46 7.00	.66 2.16	3.75	.00***
	직관 적	실험집단 통제집단 1 (자기주장심리)	4.90 5.70	2.23 1.77	-.82	.43	3.10 5.80	1.66 1.99	-3.36	.01**
		실험집단 통제집단 2 (일반진로)	5.50 4.75	2.54 1.86	1.17	.27	3.25 5.67	1.54 1.87	-3.62	.00***
		실험집단 통제집단 3 (강 의)	5.46 5.85	2.44 2.08	-.39	.70	3.08 5.23	1.60 1.96	-2.55	.03*
	의존 적	실험집단 통제집단 1 (자기주장심리)	4.60 4.10	2.84 2.43	.83	.43	2.00 3.70	1.15 1.70	-2.49	.04*
		실험집단 통제집단 2 (일반진로)	4.33 2.92	2.77 2.27	1.33	.21	1.83 2.50	1.11 1.98	-1.08	.31
		실험집단 통제집단 3 (강 의)	4.23 2.85	2.68 2.23	1.49	.16	1.77 2.62	1.09 2.40	-.99	.34

*p<.05, **p<.01, ***p<.001

〈표 Ⅳ-8〉에서 볼 때, 의사 결정 유형에 대한 실험집단과 통제집단 간의 차이에서 첫째, 합리적 의사 결정 유형의 가족에서 실험집단과 통제집단 간의 차이에서 사전검사에서는 실험집단과 통제집단 1은 유의 확률(p)이 .49, 실험집단과 통제집단 2는 유의 확률(p)이 .64, 실험집단과 통제집단 3 간에는 유의 확률(p)이 .46으로 통계적으로 유의미한 차이가 발견되지 않았다 (p>.05). 즉 사전검사에서는 실험집단과 통제집단 1, 실험집단과 통제집단 2, 실험집단과 통제집단 3은 통계적으로 유의미한 차이가 없는 동질 집단이었다. 그러나 사후검사에서는 실험집단과 통제집단 1의 비교에서 실험집단은 평균이 9.30이고 통제집단 1은 평균이 6.20으로 유의확률이 .01이었다. 즉 실험집단과 통제집단 1에서는 p<.01로 99% 수준에서 통계적으로 유의미한 차이가 나타났다. 실험집단과 통제집단 2에서는 실험집단과 통제집단 2의 비교에서 실험집단의 평균은 9.42이고 통제집단 2의 평균은 8.92로 유의 확률이 .21로 통계적으로 유의미한 차이가 나타나지 않았다. 실험집단과 통제집단 3의 비교에서는 실험집단의 평균은 9.46이고 통제집단 3의 평균은 7.00으로 유의확률이 .00이었다. 즉 실험집단과 통제집단 3의 평균을 비교한 결과 99.9% 수준에서 통계적으로 유의미한 차이가 나타났다 (p<.001). 즉, 실험집단은 '자기주장 훈련'을 실시한 심리상담 집단인 통제집단 1과 이론 강의를 수강한 통제집단 3보다 합리적 의사 결정 유형의 점수를 상승시키는 데 긍정적 효과가 있음을 시사한다. 그러나 실험집단과 일반 진로 집단을 실시한 통제집단 2는 유의미한 차이가 발견되지 않아서, 합리적 의사 결정

유형의 점수를 향상시키는 데 두 집단 간에는 유의미한 차이가 없음을 시사한다. 이는 일반적 진로 집단을 실시하여도 합리적 의사 결정 유형의 점수를 실험집단에서와 마찬가지로 향상시킬 수 있음을 의미한다. 둘째, 직관적 의사 결정 유형에서는 직관적 의사 결정 유형에 대한 실험집단과 통제집단 간의 차이에서 사전검사에서는 실험집단과 통제집단 1은 유의 확률(p)이 .43, 실험집단과 통제집단 2는 유의 확률(p)이 .21, 실험집단과 통제집단 3 간에는 유의 확률(p)이 .16으로 통계적으로 유의미한 차이가 발견되지 않았다(p〉.05). 즉 사전검사에서는 실험집단과 통제집단 1, 실험집단과 통제집단 2, 실험집단과 통제집단 3은 통계적으로 유의미한 차이가 없는 동질 집단이었다. 그러나 사후검사에서는 실험집단과 통제집단 1의 비교에서 실험집단은 평균이 3.10이고 통제집단 1은 평균이 5.80으로 유의확률이 .01이었다. 즉 실험집단과 통제집단 1에서는 p〈.01로 99% 수준에서 통계적으로 유의미한 차이가 나타났다. 실험집단과 통제집단 2에서는 실험집단과 통제집단 2의 비교에서 실험집단의 평균은 3.25이고 통제집단 2의 평균은 5.67로 유의 확률이 .00이었다. 즉 실험집단과 통제집단 2에서는 p〈.001로 99.9% 수준에서 통계적으로 유의미한 차이가 났다. 실험집단과 통제집단 3의 비교에서는 실험집단의 평균은 3.08이고 통제집단 3의 평균은 5.23으로 유의 확률이 .03이었다. 즉 실험집단과 통제집단 3의 평균을 비교한 결과 95% 수준에서 통계적으로 유의미한 차이가 나타났다(p〈.05). 즉 실험집단은 '자기주장 훈련'을 실시한 심리상담 집단인 통제집단 1이나, 일반 진로 집단 상담 집단인 통제집단 2이나 이론 강의를 수강한 통제집단 3보다 직관적 의사 결정 유형의 점수를 하락시키는 데 긍정적 효과가 있음을 시사한다.

셋째, 의존적 의사 결정 유형 변인에서는 의존적 의사 결정 유형에 대한 실험집단과 통제집단 간의 차이에서 사전검사에서는 실험집단과 통제집단 1은 유의 확률(p)이 .43, 실험집단과 통제집단 2는 유의 확률(p)이 .21, 실험집단과 통제집단 3 간에는 유의 확률(p)이 .16으로 통계적으로 유의미한 차이가 발견되지 않았다(p>.05). 즉 사전검사에서는 실험집단과 통제집단 1, 실험집단과 통제집단 2, 실험집단과 통제집단 3은 통계적으로 유의미한 차이가 없는 동질 집단이었다. 그러나 사후검사에서는 실험집단과 통제집단 1의 비교에서 실험집단은 평균이 1.15이고 통제집단 1은 평균이 1.70으로 유의확률이 .04였다. 즉 실험집단과 통제집단 1에서는 p<.05로 95% 수준에서 통계적으로 유의미한 차이가 나타났다. 즉, 실험집단은 '자기주장 훈련'을 실시한 심리상담 집단인 통제집단 1보다 의존적 의사 결정 유형의 점수를 하락시키는 데 효과적임을 시사한다. 실험집단과 통제집단 2에서는 실험집단과 통제집단 2의 비교에서 실험집단의 평균은 1.11이고 통제집단 2의 평균은 1.98로 유의 확률이 .311로 통계적으로 유의미한 차이가 나타나지 않았다(p>.05). 실험집단과 통제집단 3의 비교에서는 실험집단의 l평균은 1.77이고 통제집단 3의 평균은 2.62로 유의 확률이 .34로 통계적으로 유의미한 차이가 나타나지 않았다(p>.05).

c. 질적 분석

의사 결정 유형에는 합리적, 직관적, 의존적 유형이 있다. 합리적 의사 결정 유형은 객관적이고 현실적인 의사 결정 단계를 거치는 유형으로, 선택시의 실수를 줄일 수 있고, 능동적으로 난관을 극복할 수 있게 한다. 직관적 유형은 충동성 때문에 의존적 유형은 의존성 때문에, 부정적 측면을 가지고 있다. 따라서 효과적인 진로 상담은 의사 결정 유형에서 합리적 유형의 태도를 습득시켜야 한다.

*남○○의 경우, 의사 결정 유형에서 의존성의 점수가 월등히 높아서(8/10), 의존성의 근원을 찾아 논박하고, 의존성에서 벗어나 주체성을 확립하는 것이 진로 결정에서나, 삶 전반에서 중요한 과제라고 생각하였다.

1회기 자기소개 시간에 "저는 수학 교육학과가 폐쇄적이라고 답답하고, 전공도 어려워서 고생스러워요. 성적이 안 나오는데 그 스트레스도 많은 편이구요. 엄마와 자주 갈등하는 편인데, 엄마랑 대화를 자주 하나, 엄마 마음에 안 들면 당장 스트레스를 주니까 참 힘들어요. 엄마에게 혼난 것에 대해 '나는 아무 것도 아냐'가 박힌 것 같아요. 이제 그 생각에서 벗어나고 싶어요."라고 했다. 학과도 적성과 안 맞는 면이 있고, 현재 학교생활에서 상당한 불만이 있는 듯했다. 의존성이 원인이 되는 사람이 엄마가 아닌가 추측만 한 상태였다.

2회기 장·단점 발표 시간에 장점은 "동생과 사이가 좋다,

신중하다, 거짓말을 하지 않는다, 감사할 줄 안다, 다른 사람의 입장에 서서 생각해본다." 이고, 단점은 "예민하고, 우울하면, 생각만 많고 빨리 결정하지 못한다." 는 것이었다. 집단원의 반응은 "여성스럽다, 이해심이 있다, 남에게 잘 베푼다, 적극적이지 못하다, 말이 너무 없다" 등이었다. 상담자는 남○○의 장점이 대인관계에서 아주 좋은 자질이며, 신뢰감 있는 태도라서, 본인이 적성에 맞는 직장에 취직하거나, 결혼해서 배우자와 맞추어 살 때 참 좋은 장점이 될 것이라고 지지해주었다.

4회기 비합리적 신념 논박 시간에, "사소한 숙제도 어렵다. 적성에도 안 맞는다는 생각이 자주 든다. 스트레스 때문에 오히려 잘 안 된다. '나는 안 돼'를 많이 갖게 된다." 이러한 반응에 집단원들은 "못한다고 하면서 닥치면 적당히는 해내지 않나. 너무 걱정하지 마라.", "적성에 안 맞으면 과를 바꾸어보든지, 더 열심히 해야 하는 것 아니냐, 적극적이 되었으면 좋겠다." 등의 반응을 보였다. 상담자는 "너무 잘 하려고 하는 것이 더 잘 안되게 한다면, 생각을 바꾸어서 하는 데까지 해보자. 이 방법 말고 더 재미있고, 잘 되는 일은 없나를 찾아보자. 그것이 나올 때까지는 일단 하는 만큼만 하자고 계속 본인에게 가르쳐라. 제일 중요한 것은 잘 하는 것, 잘 했다는 소리를 듣는 것이 아니고, 내가 하루하루 소중한 날들을 의미 있게 보내는 것이 아닌가"라고 했다. "그리고 '나는 안 돼.'가 있어서 주로 어떤 일을 결정할 때 어떤 방법을 쓰고 있는지 살펴보라." 고 했다.

5회기의 일의 가치를 살피는 시간에 남○○은 남에게 베풀며 살고 싶다. 6회기의 의사 결정 유형의 탐색 시간에 의존이 높은 이유를 "생각을 많이 하고, 실패를 두려워해서 결정하는 데 시간이 많이 걸리고, 결국은 현실에 안주한다. 그 현실은 엄마의 의견이기도 하고, 사회적 통념이기도 한 것 같다."고 했다. 상담자는 "엄마의 의견이 옳을 수도 있지만, 내게 다 맞는 것은 아닐 수 있다. 혹시 실패에 대한 비난이 두려워 엄마의 의견을 좇는다면, 실패에 대한 두려움, 비난에 대한 두려움의 실체를 보자. 실패나 비난에 대해 감당할 수 없나? 현실적으로?" 남OO은 "그렇지는 않다. 먹고 살만큼만 있어도 직장에 큰 욕심 없고, 그렇게 성공해야만 하는 것 아니다."라고 답했다. 상담자는 "그렇다면 내 인생에서의 실패나 성취하지 못함이 큰 절망은 아니다. 다만 엄마의 슬픔이겠지. 엄마의 비난에 대범해지자. 그래야 엄마도 남OO 독립적 삶을 인정해줄 수 있다. 동생이 엄마와 부딪치듯이 남OO도 엄마의 의견에 거절이나 자기표현을 해야 한다. 그리고 내 식의 진로를 결정해야 한다. 엄마 식을 따라하는 것이 오히려 자신감을 떨어뜨리고, 소극적인 사람으로 만들고 있다면 이제 다르게 살아보는 것이 필요할 것 같다"고 강하게 설득했다. 남OO은 의존적 의사 결정 유형을 보이며, 자신감도 부족하고, 대인관계도 넓은 편이 아니었다. 엄마에게 결정권을 넘기고 무기력해 보이는 이 학생에게, 주체성 확립과 자신감 회복을 강하게 인식시키려고 했다.

6회기 희망 직업 나열에서 남OO은 사진작가가 되고도 싶고, 음악을 배우고 싶다고 했다. 현재의 학과와 전혀 상관없는 일을 원하는 남OO의 욕구를 각성하도록 주지시켰다.

7회기에 직업 가치에서 장래성이 있고, 성취감을 맛볼 수 있는 직업으로 컴퓨터 프로그래머나 교수가 되고도 싶다고 했다. 8회기 마지막 최종 직업 선택에서 수학 교사는 1번만 준비하고, 안 되면 졸업하고 공무원 시험 준비를 하겠다. 음악은 취미로 항상 옆에 두고 싶다고 했다.

참가 소감 발표시간에 "너무 많이 생각하고 공부에 대해 열등감이 있었는데, 내가 좋아하는 공부하면 잘 할 것도 같다. 자신감을 찾았다."고 했으며, 자기 평가서에서는 "적성 검사를 통해 나 자신에 대해서 자신감을 얻었다. 항상 자신을 탐구하겠다."라고 했다.

남OO의 경우, 엄마에게 비난받은 경험 때문에 자신의 선택을 확신하지 못한다고 했고, 의존성의 정도가 높은 편이었다. 스스로 자신이 원하는 일을 한다는 생각을 못할 만큼 의욕도 떨어진 편이었다. 음악에 대한 취미를 지지해주고, 교사가 되던 무엇이 되던 스스로의 계획을 믿고, 밀고 나가는 힘을 내부에서 키워내야 함을 강조했다. 잘 해야 가치 있는 것이 아니고, 내가 원하는 하루를 기꺼이 살아내는 것의 소중함을 마지막으로 다시 한번 강조했다. 상담자는 이러한 과정이 의존성을 떨어뜨리고 합리적 유형으로 의사 결정하도록 긍정적인 역할을 했을 것이라고 평가해본다.

*정OO의 경우, 합리적 유형의 점수는 월등히 낮고(4/10), 직관적 점수는 최고치(10/10)에 이르는 상태였다. 따라서 직관적 유형이어서 겪는 문제를 탐색하고, 충동성 수치를 낮출 수

있는 방법을 모색해보는 데 주안점을 두고자 했다.

1회기 자기소개 시간에, 자신은 3녀 2남 중에 태어났고, 중성적이라고 했다.

2회기 장·단점 발표 시간에, 장점은 "솔직하다, 시작하면 끝을 본다, 남 생각을 많이 해 준다, 긍정적이다, 한번 한 약속은 꼭 지킨다." 이고, 단점은 "급하게 한다, 솔직해서 다른 사람의 기분을 나쁘게 할 때도 있다." 였다. 집단원의 반응은 "유능하다, 튀는 옷을 잘 입는다, 대담하다" 등이었다. 정OO의 자기 평가에서 볼 때 상담자는 정OO의 성격은 결단력이 있고, 자기 효능감도 있다고 보았다. 단점에서 "급하게 한다"가 충동적으로 결정해서 한다는 뜻으로 보여서, 급해서 손해 본 것을 생각해 보게 했다.

4회기 비합리적 논박 과정에서는 "대학 와서는 선배나 기존 조직에 내가 편입되는 것이 싫어서 대인관계가 원만하지 않은 것 같다. 지방 출신이라 서울 말씨에도 적응이 잘 안되었고, 남자 친구 사귀는데 시간을 다 썼다. 앞으로 사회생활을 잘 할 수 있을지가 걱정이다"라고 했다. 집단원들의 반응은 "남에게 친근감 있게 말한다, 노력하면 고칠 수 있는 능력 있어 보인다.", "술자리에 일부러 가고 마음을 열면 되지 않을까 한다.", "선배와 인사는 하고 지내는 것이 중요하다" 등이었다. 상담자는 "기존 조직에 들어가서 상대방에 맞추는 것이 싫은가?"라고 물었고, 내담자는 "주도적으로 행동하는 것을 좋아하고, 고등학교 때는 적극적으로 친구들과 잘 지냈다"고 했다. 상담자는 "주체적이고, 독립적인 면, 아마 자신감도 높은 사람일 것이고,

그것은 살면서 난관을 헤쳐 나갈 힘이 되므로 잘 살리는 것이 좋다. 그러나 취직이란 어떤 곳이든 기존 조직에 내가 신입 사원으로 편입하는 수밖에 없다. 기득권을 갖고 있는 직장 상사에게 맞추려는 노력을 하지 않으면, 직장에서 원만히 적응하는 데 어려움을 겪게 될 가능성이 있다. 물론 직장 분위기는 조금씩 차이가 있다고는 하지만, 조직에 편입해야 살아질 수 있는 조직 생활의 생리를 이해하는 것이 현실적으로 필요한 일이다."라고 논박했다.

5회기에 일의 가치에 대해 정OO는 부모에게 독립하고, 보답하고자 한다. 사회적으로 인정받고, 사회에 봉사하고 싶다고 했다.

6회기에 의사 결정 유형 탐색 과정에서, 정OO은 "직관력으로 결정했고, 그래서 결정이 늦지는 않았다. 실패 경험이 별로 없는 것도 같은데, 어쩌면 실패 이유를 찾지도 않고, 실패라고 인정하지도 않은 것 같다. 정보 수집을 해보지 않았다."라고 하여, 전형적인 직관적 의사 결정 유형의 모습을 보여주고 있다. 그러나 정OO은 우월성이 높은 학생으로 보여져, 실패를 추수를 능력은 있어 보였다. 상담자는 정보를 정밀히 탐색하고, 단계를 거치는 합리적 의사 결정을 할 경우, 정OO에게 더 많은 가능성이 열리고, 시행착오를 줄일 수 있음을 강조했다. 희망 직업 나열에서는, 정OO는 생태학자나 경영자가 되고 싶다고 했다. 연구직이나 리더십을 발휘하는 직업에 대한 희망을 탐색할 수 있었다.

7회기에서 직업 가치에서는 오래 안정된 수입원을 추구해서 교사가 좋겠다는 탐색도 하였다. 8회기 최종 선택에서는 임용

교사를 3수 정도까지 하고, 나중에는 자격증을 취득해서 컴퓨터 일을 하거나, 대학원을 가서 공부를 계속하겠다고 했다.

참가 소감 발표 때에는 "나에 대해 체계적으로 고민한 의미 있는 시간이었다"라고 했으며, 자기 평가서에는 "성격 검사와 적성검사를 한 것과 합리적 의사 결정에 대해 알게 된 것이 좋았다."라고 평가하였다.

정○○의 경우, 우월성이 높은 학생으로 결단력 있게 삶을 극복해갈 자질은 높으나, 지배성이 강한 편으로, 기존 조직에 편입하는 데 거부감이 있는 학생이었다. 일을 선택하고 결정할 때는 자신의 직관력에 의존하는 편이었다. 상담자는 직장에서 문제가 될 수 있는 직장 상사와의 원만한 문제 해결을 위해, 반드시 내 중심적으로 일이 돌아가지 않는 곳이 있음을 수용하도록 강조했고, 체계적으로 일을 계획하는 연습을 진로 탐색 과정을 통해 수행하도록 했다. 이러한 과정이 합리적 유형의 경향을 향상시키고, 직관적 유형의 경향을 감소시키는 데 긍정적 역할을 했을 것이라고 평가해본다.

* 이 밖에도 의사 결정에 영향을 받았음을 나타내는 자기 평가 기록이 있다.

"진로에 대한 정보 탐색에 좀 더 노력해야겠다."

"구체적인 계획을 통한 목표의 성취를 위해 노력하겠다."

"무엇을 결정할 때 막연하게 머리 속으로 생각하기보다 고려 사항을 항목별로 적어놓고 스스로 답하는 것이 큰 도움이 됨을 느꼈다."

"정보와 숙고를 통한 계획된 삶을 살아야 하겠다."

"자신에 대하여 생각해 볼 수 있는 시간이었고, 진로에 대한 결정이 시급하다는 생각을 할 수 있었다."

"정보탐색, 진로결정에 대한 실천력을 길러서 보다 적극적으로 준비해야겠다."

"자신을 구체적으로 바라보게 해주었던 것 같다."

"자기를 객관적으로 돌아볼 수 있는 좋은 기회였고, 자기 발전을 이룬 것 같아서 기분이 좋다."

등으로 이상의 평가는 의사 결정 유형에서 합리적 의사 결정의 경향을 높이고, 의존적, 직관적 의사 결정의 경향을 감소하는데 긍정적인 역할을 하였다고 평가할 수 있다.

B. 논 의

위 연구 결과와 선행연구를 비교 논의하면 다음과 같다.

첫째, 자기 효능감에 대한 실험집단과 통제집단의 차이를 보면, 자기 효능감에 있어서 사전검사에서는 두 집단 간에 통계적으로 유의미한 차이가 발견되지 않았고(p>.05), 사후검사에서는 실험집단과 통제집단 1('자기주장 훈련' 심리상담), 실험집단과 통제집단 2(일반적 진로 상담), 실험집단과 통제집단 3(이론 강의)의 평균을 비교한 결과 통계적으로 유의미한 차이가 나타났다(p<.001). 즉, REBT를 적용한 진로 상담 프로그램은 심리상담 프로그램, 진로 상담 프로그램, 강의의 세 통제집단보다 자기 효능감에 있어서 유의미한 상승효과를 나타낸 것이다.

이영애(1989)는 자기존중감과 비합리적 신념은 부적 상관이 있어서, 자기 존중감이 높을수록 비합리적 신념이 낮은 것으로 나타나고 있다. 본 연구에서의 이러한 결과도 비합리적 신념에 대한 논박 과정을 통해 비합리적 신념에 대한 논박 과정을 통해 비합리적 신념이 합리적 신념으로 대체되는 과정에서 긍정적 자기 개념이 형성되고, 자기 효능감이 향상된 것으로 보인다.

REBT에서는 인간과 행동을 분리하여, 비합리적 사고, 부적절한 정서, 부적응적인 행동에 대해서는 강한 논박을 통하여 바람직한 방향으로 변화시키고 바람직하지 못한 행동의 경향성을 띤 인간에 대해서는 무조건적으로 수용한다(박경애, 1998). 이러한 결과 REBT 프로그램을 실시한 집단에서 내담자의 자존감과 자기 효능감이 향상되었을 것이라고 추측해볼 수 있다.

둘째, 대인관계능력에 대한 실험집단과 통제집단의 차이를 보면, 대인관계 능력에 있어서 사전검사에서는 두 집단 간에 통계적으로 유의미한 차이가 발견되지 않았고(p>.05), 사후검사에서는 실험집단과 통제집단 1('자기주장 훈련' 심리상담), 실험집단과 통제집단 2(일반적 진로 상담), 실험집단과 통제집단 3(이론 강의)의 평균을 비교한 결과 통계적으로 유의미한 차이가 나타났다(p<.001). 즉, REBT를 적용한 진로 상담 프로그램은 자기주장 프로그램, 일반적 진로 상담 프로그램, 강의의 세 통제집단보다 대인관계 능력에 있어서 유의미한 상승효

과를 나타낸 것이다.

변호근(1995)은 RET 상담에 참여한 아동이 활동성, 사회성, 안정성이 높게 향상된 것으로 나타나, RET 상담 기법이 아동들의 긍정적인 성격 변화에 영향을 주고 있음을 보여주고 있다. 본 연구에서도 REBT 프로그램에 참가한 학생들의 대인관계 능력이 향상된 것으로 나타났다.

이렇게 사회성이나 대인관계 능력이 향상될 수 있는 것은 인간의 비합리적 사고의 핵심이 되는 당위적 사고 중 타인에 대한 당위적(타인은 반드시 나를 공정하게 낼 수 없다) 사고에 대한 논박과정을 거치면서 대인관계에 대한 합리적 사고가 형성되었기 때문이라고 해석해 볼 수 있겠다.

대인관계 능력의 하위 변인들인 가족과의 관계, 친척과의 관계, 친구와의 관계를 보면 가족이나 친구에 대한 대인관계 능력은 유의미하게 향상되었으나, 친척과의 관계에서는 통제집단 1과는 $p < .01$에서 유의미한 차이를 보이지만, 통제집단 2, 통제집단 3과는 유의미한 차이가 나타나지 않는다. 참가자의 연령적 특성으로 볼 때, 친척에 대한 관심이나 교류 자체가 부족한 데에 기인한 것이라고 본다. 친척과의 관계 개선 의지나 실습 경험 자체가 적기 때문에 REBT 프로그램을 실시하는 동안, 유의미한 변화를 나타내지 못했을 것이라고 생각한다.

셋째, 진로 태도 성숙에 대한 실험집단과 통제집단의 차이를 보면, 진로 태도 성숙에 있어서 사전검사에서는 두 집단 간에 통계적으로 유의미한 차이가 발견되지 않았고($p > .05$), 사후검사에서는 실험집단과 통제집단 1('자기주장 훈련' 심리상담),

실험집단과 통제집단 2(일반적 진로 상담), 실험집단과 통제집단 3(이론 강의)의 평균을 비교한 결과 통계적으로 유의미한 차이가 나타났다($p < .001$). 즉, REBT를 적용한 진로 상담 프로그램을 적용한 진로 상담 프로그램은 심리상담 프로그램, 일반적 진로 상담 프로그램, 강의의 세 통제집단보다 진로 태도에 있어서 유의미한 상승효과를 나타낸 것이다.

왕가년(1996)은 고교생과 대학생 대상의 연구에서 비합리적 신념이 높은 학생이 진로성숙도가 낮음을 밝혔다. 본 연구의 결과도 REBT를 통한 진로 상담을 통해 진로 태도가 성숙될 수 있다는 증거가 된다.

Ellis의 초기 11가지 비합리적 사고에서 세상일과 관련된 비합리적 사고로는 완벽한 능력이 있고, 사교적이고 성공을 해야만 가치 있는 사람이라는 사고가 있다. 또 일이 뜻대로 진행되지 않는다면, 이는 무시무시하고 끔찍한 일이라는 사고도 있다. 이러한 비합리적 사고를 자신이 인간적인 제한점이 있고, 실수를 범하기도 하는 불완전한 존재라는 것을 받아들이라는 합리적 사고로 교정할 수 있다. 또 세상은 불확실한 세계이지만, 나의 삶을 즐기기 위해 보장이 없더라도 결정을 내리고 위험을 무릅쓰겠다로 교정할 수 있다. 이러한 사고의 전환을 핵심 과정으로 하는 REBT 진로 상담 프로그램을 통해 현실적이고 체계적인 태도를 요구하는 진로 태도 성숙이 이루어진 것이라고 추론해 볼 수 있다.

넷째, 의사 결정 유형에 대한 실험집단과 통제집단의 차이를 보면, 합리적 의사 결정에 있어서 사전검사에서는 두 집단 간에 통계적으로 유의미한 차이가 발견되지 않았고($p > .05$), 사후 검사에서는 실험집단과 통제집단 1('자기주장' 심리상담)과는 $p < .01$ 수준에서 유의미한 차이가 나타났고, 실험집단과 통제집단 3(이론 강의)은 $p < .001$ 수준에서 유의미한 차이가 나타났다. 그러나 통제집단 2(일반적 진로 상담)와는 통계적으로 유의미한 차이가 나타나지 않았다.

이러한 결과는 REBT에서 합리적 사고를 강조한 결과라고 본다. 통제집단 2(진로 상담)에서도 최근 의사 결정 유형에 대한 강조를 하고 있어서, 두 집단이 모두 합리적 의사 결정 방식을 적극적으로 수용한 결과라고 할 수 있다.

V. 요약 및 결론

A. 요 약

본 연구는 REBT를 이용한 진로 발달 프로그램이 진로 발달을 구성하는 요인 중 자기 효능감, 대인관계 능력, 진로 태도 성숙, 의사 결정 유형 결정에 어떠한 영향을 끼치는 지를 알아보는 데에 그 목적이 있다. 이와 같은 연구 목적을 위한 연구 문제는 다음과 같다.

연구 문제 1. REBT를 적용한 진로 집단 상담 프로그램을 실시한 집단이 통제집단들과 비교해서 자기 효능감에서 유의미한 차이가 있는가?

연구 문제 2. REBT를 적용한 진로 집단 상담 프로그램을 실시한 집단이 통제집단들과 비교해서 대인관계 능력에서 유의미한 차이가 있는가?

연구 문제 3. REBT를 적용한 진로 집단 상담 프로그램을 실시한 집단이 통제집단들과 비교해서 진로 태도 성숙에서 유의미한 차이가 있는가?

연구 문제 4. REBT를 적용한 진로 집단 상담 프로그램을 실시한 집단이 통제집단들과 비교해서 의사 결정 유형에서 유의미한 차이가 있는가?

위와 같은 문제를 규명하기 위하여 다음과 같은 절차와 방법으로 연구를 수행했다.

첫째, 진로 발달의 구성 요소 중 자기 효능감, 대인관계 능력, 진로 태도 성숙, 의사 결정 유형 검사지를 예비검사를 하여, 신뢰도를 검증하였다.

둘째, 실험집단과 통제집단들을 무선 표집, 무선 배정하고, 사전검사를 실시하여서 집단 간의 동질성을 검증하였다.

셋째, 실험집단은 REBT 치료 기법을 이용한 진로 집단 상담 프로그램을 처치로 투여하는 것이기 때문에, 통제집단을 일반적인 심리 상담인 자기주장 프로그램을 실시한 통제집단 1과 일반적인 진로 상담 프로그램을 실시한 통제집단 2, 같은 기간 동안 이론 강의를 들은 통제집단 3으로 구성하여서, 실험집단과 차이를 분석해보고자 한다. 따라서 본 연구에서는 통제집단 1에서는 '자기주장 훈련' 심리 집단 상담을 실시하였고, 통제집단 2에서는 일반적인 진로 탐색 프로그램의 내용으로 진로 집단 상담을 실시하였다. 통제집단 3은 심리학에 대한 이론 강의를 실시하였다.

넷째, 8주간 매주 1회 2시간의 집단 상담을 실시한 네 집단에 사후검사를 실시하여, 네 집단 간의 차이 검증을 실시하여, 실험 처치의 효과를 분석한다.

위와 같은 방법으로 얻어진 연구의 결과는 다음과 같다.

첫째, 자기 효능감에 대한 실험집단과 통제집단의 차이를 보면, 자기 효능감에 있어서 사전검사에서는 두 집단 간에 통계적으로 유의미한 차이가 발견되지 않았고(p>.05), 사후검사에서는 실험집단과 통제집단 1('자기주장' 심리상담), 실험집단과 통제집단 2(일반적 진로 상담), 실험집단과 통제집단 3(이론 강의)의 평균을 비교한 결과 통계적으로 유의미한 차이가 나타났다(p<.001).

이러한 결과는 REBT 프로그램이 인간 가치에 대한 수용과 절대성을 강조하고 당위적 사고에 대하여 반박하는 과정에서, 집단 참가자들의 자신에 대한 수용과 자심감이 회복된 결과라고 생각할 수 있다.

둘째, 대인관계능력에 대한 실험집단과 통제집단의 차이를 보면, 대인관계 능력에 있어서 사전검사에서는 두 집단 간에 통계적으로 유의미한 차이가 발견되지 않았고(p>.05), 사후검사에서는 실험집단과 통제집단 1('자기주장 훈련' 심리상담), 실험집단과 통제집단 2(일반적 진로 상담), 실험집단과 통제집단 3(이론 강의)의 평균을 비교한 결과 통계적으로 유의미한 차이가 나타났다(p<.001).

이러한 결과는 REBT 프로그램이 타인 비난이나 자기 비하와 관계된 비합리적 신념을 반박하고, 과제를 부여하는 과정에서 대인관계 능력이 향상된 결과라고 할 수 있다.

대인관계 능력의 하위 변인들인 가족과의 관계, 친척과의 관계, 친구와의 관계를 보면 가족이나 친구에 대한 대인관계 능력은 유의미하게 향상되었으나, 친척과의 관계에서는 통제집단 1과는 p<.01에서 유의미한 차이를 보이지만, 통제집단 2, 통제집단 3과는 유의미한 차이가 나타나지 않는다. 참가자의 연령적 특성상 친척에 대한 관심이나 교류 자체가 부족한 데에 기인한 것이라고 본다.

셋째, 진로 태도 성숙에 대한 실험집단과 통제집단의 차이를 보면, 진로 태도 성숙에 있어서 사전검사에서는 두 집단 간에 통계적으로 유의미한 차이가 발견되지 않았고(p>.05), 사후검사에서는 실험집단과 통제집단 1('자기주장 훈련' 심리상담), 실험집단과 통제집단 2(일반적 진로 상담), 실험집단과 통제집단 3(이론 강의)의 평균을 비교한 결과 통계적으로 유의미한 차이가 나타났다(p<.001).

이러한 결과는 REBT를 통한 진로 상담을 통해 진로 태도가 성숙될 수 있다는 증거가 된다. 합리적 사고를 강조하는 REBT 프로그램은 진로 태도에 있어서 현실적이고 체계적인 방식을 취하게 하는 데 효과적일 수 있기 때문이다.

넷째, 의사 결정 유형에 대한 실험집단과 통제집단의 차이를 보면, 합리적 의사 결정에 있어서 사전검사에서는 두 집단 간에 통계적으로 유의미한 차이가 발견되지 않았고(p>.05), 사후검사에서는 실험집단과 통제집단 1('자기주장 훈련' 심리상담)과는 p<.01 수준에서 유의미한 차이가 나타났고, 실험집단과 통제집단 3(이론 강의)은 p<.001 수준에서 유의미한 차이가 나타났다(p<.001). 그러나 통제집단 2(일반적 진로 상담)와는 유의미한 차이가 나타나지 않았다.

이러한 결과는 REBT에서 합리적 사고를 강조한 결과라고 본다. 통제집단 2(진로 상담)에서도 최근 의사 결정 유형에 대한 강조를 하고 있어서, 두 집단이 모두 합리적 의사 결정 방식을 적극적으로 수용한 결과라고 할 수 있다.

Crites(1981)가 지적한 바와 같이, 진로 상담은 내담자의 심리적 문제 진단과 심리 치료에서 출발하여, 내담자의 심리 치료 결과가 진로 발달을 유도하는 과정으로 진행되어야 한다. 이러한 과정은 심리적으로 다양한 문제를 가지고 사는 내담자들에게 진로 선택에 현실적이고 즉각적으로 적용할 수 있는 상담서비스를 제공할 수 있게 할 것이다.

최근에 각광받기 시작한 인지행동 치료 기법 중에서 REBT에서 목표로 하는 비합리적 신념의 교정은 인지적 기능을 강화시켜 진로 발달에 긍정적인 효과를 미칠 수 있을 것이다.

대학생들은 진로 탐색 능력이 높고, 자신의 흥미나 적성, 현실 여건 파악 능력도 인식기나 탐색기에 있는 초·중·고등학생들에 비해서 높을 것이다. 그러나 성격적 장애 부분인 비합리적 신념은 대학생이 성인이라고 해서 스스로, 또는 저절로 치료될 수 있는 것이 아니며, 이러한 장애 부분이 대학생의 진로 성장을 저해하는 큰 요인이라고 연구자의 상담 임상 장면 경험에서 가정해 볼 수 있었으며, 왕가년(1996)의 연구도 그 가정을 뒷받침해 주고 있다.

그러나 REBT를 활용한 진로 발달 프로그램은 아직 많이 활용되지 않고 있어서, REBT를 이용한 진로 상담 프로그램의 활용이 왕성학 이루어지기를 기대해 본다.

B. 결 론

연구 결론을 제시하면 다음과 같다.

첫째, 실험 처치인 REBT를 이용한 진로 집단 상담 프로그램은 실험집단이 자기 효능감을 통계적으로 유의미하게 향상시키는데 기여하고 있다. 진로 발달의 한 변인인 자기 효능감의 향상은 본 실험 프로그램이 진로 발달에 긍정적 역할을 할 수 있음을 시사해준다.

둘째, 실험 처치인 REBT를 이용한 진로 집단 상담 프로그램은 실험집단이 대인관계 능력에서 통계적으로 유의미하게 향상시키는데 기여하고 있다. 진로 발달의 한 변인인 대인관계 능력의 향상은 본 실험 프로그램이 진로 발달에 긍정적 역할을 할 수 있음을 시사해준다.

셋째, 실험 처치인 REBT를 이용한 진로 집단 상담 프로그램은 실험집단이 진로 태도를 통계적으로 유의미하게 성숙시키는데 기여하고 있다. 진로 발달의 한 변인인 진로 태도 성숙은 본 실험 프로그램이 진로 발달에 긍정적 역할을 할 수 있음을 시사해준다.

넷째, 실험 처치인 REBT를 이용한 진로 집단 상담 프로그램은 실험집단이 의사 결정 유형을 통계적으로 유의미하게 변화시키는데 기여하고 있다. 진로 발달의 한 변인인 의사 결정 유형의 긍정적 변화는 본 실험 프로그램이 진로 발달에 긍정적 역할을 할 수 있음을 시사해준다.

다시 말해 REBT를 진로 상담에 이용하는 것이 자기 효능감, 대인관계 능력, 진로 태도 성숙, 합리적 의사 결정 능력을 상승시키는데 효과적임을 시사해주고 있다.

C. 제 언

이상의 결론을 토대로 다음과 같은 제언을 하고자 한다.

첫째, 앞으로의 진로 상담은 심리 상담과 결합되어 내담자의 당면 심리적 문제를 해결한 후, 심리적 문제와 진로 선택에서의 관계를 밝혀, 보다 적극적인 진로 상담으로 시행되어야 한다.

둘째, 심리 상담의 후속 조치로서 진로 상담을 종결 작업에 배치하는 심리 상담 과정도 필요하리라 본다. 심리 상담의 결론은 진로 상담으로 연결될 수 있어야 한다.

셋째, 진로 발달의 여러 변인들을 앞으로의 연구에서는 계속 검증하여, REBT를 이용한 진로 집단 상담 프로그램의 효과성을 다양한 측면에서 연구하고, 수정 보완해야 하는 과제가 남아 있다.

참고문헌

1. 국내 문헌

〈A. 단행본〉

김계현(1995). 상담심리학. 서울: 학지사.

김병성(1996). 교육연구방법. 서울: 학지사.

김충기(1992). 진로 교육과 진로 지도. 서울: 배영사.

김충기(1993). 새로운 교육혁신과 진로. 서울: 성원사.

김충기(1995). 미래를 위한 진로 교육. 서울: 교육과학사.

김충기(1998). 생활지도, 상담, 진로 지도. 서울: 교육과학사.

김충기(2000). 진로 교육과 진로 상담. 서울: 동문사.

김충기 · 김현옥(1996). 진로 교육과 진로 상담. 서울: 건국대
학교 출판부.

남세진 · 조흥식(1997). 집단지도 방법론. 서울: 서울대학교 출판부.

박경애(1997). 인지, 정서, 행동 치료. 서울: 학지사.

박경애(1999). 인지행동 치료의 실제. 서울: 학지사.

송인섭(1990). 인간심리와 자아개념. 서울: 양서원.

이장호(1992). 상담심리학 입문. 서울: 박영사.

이재창(1994). 생활지도. 서울: 문음사.

이정근(1997). 진로 교육의 실제. 서울: 성원사.

이종승(1995). 교육연구법. 서울: 배영사.

이형득(1997). 집단 상담의 실제. 서울: 중앙적성출판사.

윤순임 외(1995). 현대 상담심리치료의 이론과 실제. 서울: 중앙적성출판사.

홍기형·이승우(1997). 진로 지도: 이론과 실제. 서울: 박영사.

홍대식(1993). 심리연구법. 서울: 양영각.

〈B. 학위논문〉

고선규(1999). 월경 전 증후군에 대한 인지행동 집단치료 효과. 고려대학교 대학원 석사학위논문.

고향자(1992). 한국대학생의 의사 결정 유형과 진로결정 수준의 분석 및 진로결정 상담의 효과. 숙명여자대학교 대학원 박사논문.

권호인(1999). 폭식행동을 보이는 여대생의 인지행동 집단치료 효과. 고려대학교 대학원 석사학위논문.

김성자(1998). REBT집단 상담이 학교생활태도에 미치는 효과. 국민대학교 교육대학원 석사학위논문.

김남규(2000). 직업에 대한 자아효능감과 결과기대감이 초등학생의 진로흥미에 미치는 영향. 건국대학교 대학원 박사학위논문.

김연미(1997). 진로탐색 집단 상담 프로그램이 중학생의 자아정체감과 진로성숙도에 미치는 효과. 서강대학교 교육대학원 석사학위논문.

김준희(1995). 비합리적 신념이 정신건강에 미치는 영향. 이화여자대학교 대학원 석사학위논문.

김봉환(1997). 대학생의 의사 결정 수준과 진로 준비행동의 발달 및 이차원적 유형화. 서울대학교 대학원 박사학위논문.

김종복(1994). 중학생의 진로 의식에 관한 조사 연구. 홍익대학교 교육대학원 석사학위논문.

김현옥(1989). 청소년의 진로성숙과 관련변인간과의 상관관계. 건국대학교 대학원 박사학위논문.

김홍혜(1997). 진로탐색 집단 상담이 고등학생의 진로의식 성숙에 미치는 효과. 이화여자 대학교 교육대학원 석사학위논문.

김희화(1998). 청소년의 자아 존중감 발달: 환경변인 및 적응과의 관계. 부산대학교 대학원 박사학위논문.

남미숙(1998). 초등학생의 진로 자아 효능감과 관련변인과의 관계. 건국대학교대학원 박사학위논문.

노경희(1991). 진로탐색 집단 상담이 자아개념과 진로의식성숙에 미치는 효과. 이화여자대학교 교육대학원 석사학위논문.

박성숙(1997). 인지상담을 통한 여고생들의 체중과 체형에 관한 역기능적 태도 수정. 충남대학교 교육대학원 석사학위논문.

박재황(1981). 비행 청소년과 정상 청소년의 합리적 신념의 차이. 서울대학교 석사학위논문.

박정희(1997). 자아상태와 비합리적 신념에 따른 아내들의 부부갈등해결방식. 서강대학교 교육대학원 석사학위논문.

박순정(1996). 자아개념이 대인관계 및 학업성취에 미치는 영향. 숙명여자대학교 교육대학원 석사학위논문.

박현주(1998). 자아 존중감과 내외통제성이 진로성숙도에 미치는 영향. 서강대학교 교육대학원 석사학위논문.

변호근(1995). 합리적·정서적 상담 프로그램이 아동의 인성변화에 미치는 향. 건국대학교 교육대학원 석사학위논문.

성락인(1991). 대인관계 문제해결 기술훈련의 효과에 대한 연구. 연세대학교 교육대학원 석사학위논문.

손정아(1998). 사회공포증이 있는 고등학생의 인지행동집단 치료 효과. 고려대학교 대학원 석사학위논문.

송현순(1997). 진로성숙에 관련된 변인에 관한 메타 분석. 한국교원대학교 대학원 석사학위논문.

신철(1997). 초등학교 아동의 진로인식과 자아개념과의 관계. 건국대학교 대학원 박사학위논문.

오장수(1998). 진로 발달 유형에 따른 진로만족 모형 개발에 관한 연구. 건국대학교 대학원 박사학위논문.

윤명란(1997). 인지-행동적 부부관계 촉진 훈련이 부부관계에
    미치는 효과. 경북대학교 교육대학원 석사학위논문.

윤정혜(1991). 자아 존중감·성역할 정체감·진로의식성숙과
    의 관계 연구. 숙명여자대학교 대학원 석사학위논문.

이금란(1999). 진로 교육 프로그램이 중학생의 진로의식 향상
    에 미치는 영향. 건국대학교 교육대학원 석사학위논문.

이기학(1993). 개인적 특성이 진로 태도 성숙에 미치는 영향.
    연세대학교 대학원 석사학위논문.

이기학(1997). 고등학생의 진로 태도 성숙과 심리적 변인들과
    의 관계. 연세대학교 대학원 박사학위논문.

이두만(1998). 초·중학생의 진로의식 성숙에 관한 분석. 영남
    대학교 교육대학원 석사학위논문.

이병희(1999). REBT 집단 상담 프로그램이 중학생의 스트레스
    경험 수준 감소에 미치는 효과. 건국대학교 교육대학
    원 석사학위논문.

이승국(2000). 중등학생의 진로성숙 수준과 개인의 내외적 변
    인과의 관계. 건국대학교 대학원 박사학위논문.

이영숙(1997). 자아개념 및 학업성취와 진로성숙과의 관계 연
    구. 숙명여자대학교 교육대학원 석사학위논문.

이영애(1989). 자기존중과 비합리적 신념과의 관계. 계명대학
    교 교육대학원 석사학위논문.

이완우(1998). 시각장애 대학생의 진로 발달 수준에 관한 연구. 대구대학교 대학원 박사학위논문.

이용진(1997). 합리적·정서적 상담 프로그램이 초등학생의 가치관 형성에 미치는 효과. 건국대학교 교육대학원 석사학위논문.

이은지(1996). 인지적 발표훈련과 행동적 발표훈련이 대학생의 발표 불안, 비합리적 생각 및 발표행동에 미치는 효과 비교. 경북대학교 교육대학원 석사학위논문.

이훈진(1999). 자아 존중감과 학교생활적응과의 관계연구. 인하대학교 교육대학원 석사학위논문.

이희자(1998). 현실상담요법에 의한 초등학교의 진로 교육 효과에 관한 연구. 건국대학교 대학원 박사학위논문.

왕가년(1996). 비합리적 신념과 진로의식 성숙도와의 관계. 울산대학교 교육대학원 석사학위논문.

임원희(1998). 학년 및 통제소재가 진로 태도의 형성에 미치는 영향. 안동대학교 교육대학원 석사학위논문.

정영선(1997). 대학생의 적응강화를 위한 RET집단 상담의 효과. 한국외국어대학교 교육대학원 석사학위논문.

정채기(1991). 자아개념, 자아정체감 및 내외통제성이 진로결정에 미치는 영향. 건국대학교 대학원 박사학위논문.

조수경(1995). 진로탐색 프로그램에 따른 집단훈련이 학습부진 중학생의 진로의식성숙과 학습동기에 미치는 효과. 이화여자대학교 교육대학원 석사학위논문.

진태성(1999). 진로인식 집단 상담 프로그램이 초등학생의 진로인식에 미치는 영향. 건국대학교 교육대학원 석사학위논문.

최귀화(1998). 청소년들의 비합리적 신념과 정신건강과의 관계 연구. 동국대학교 교육대학원 석사학위논문.

한영기(1993). 합리적 정서적 집단 상담을 통한 여고생의 성태도의 변화. 한국교원대학교 대학원 석사학위논문.

홍혜영(1995). 완벽주의 성향, 자기 효능감, 우울과의 관계연구. 이화여자대학교 대학원 석사학위논문.

〈C. 기타 자료〉

김정희(1992). 중년 여성의 적응과 일상적 스트레스 및 정서적 경험의 관계: 심리적 자원과 사회적 자원의 영향. 한국심리학회지: 상담과 심리치료, 4(1), 54-63.

김충기(1998). 초등학교 진로 교육의 실태와 개선 방안에 관한 연구. 교육논총(30).

박경애(1994). 인지상담기법 개발 및 보급. 청소년상담연구11호. 서울: 청소년대화의 광장.

서울시 교육연구원(1991). 진로탐색 지도자료. 서울: 서울특별시 교육연구원.

이기학, 한종철(1998). 고등학생의 진로 태도 성숙과 개인적 특성 및 심리적 변인들과의 관계. 한국심리학회지: 상담과 심리치료, 10(1), 167-189.

이기학, 이학주(2000). 대학생의 진로 태도 성숙 정도에 대한 예언 변인으로서의 자기-효능감 효과 검증에 대한 연구. 한극심리학회지: 상담 및 심리치료, 12(1), 127-136.

이혜성, 홍혜경(1998). 진로결정상태모형에 의한 대학생의 진로결정상태의 유형화. 한국심리학회지: 상담과 심리치료, 10(1), 143-166.

장대운·김충기·박경애·김진희(1996). 청소년 진로 상담. 서울: 청소년대화의 광장.

장석민·서혜경·임재석·김홍원·하종덕(1986). 진로 교육의 이론과 실제. 서울: 한국교육개발원, 연구보고.

장석민·임두순·송병민(1998). 진로성숙도 검사 표준화 연구. 교육개발원.

장석민·임두순·송병민(1997). 진로성숙도 검사 표준화 연구. 진로 교육연구 7호, 서울: 한국진로 교육학회.

2. 외국문헌

Achebe, C. C.(1982). Assessing the vocational maturity of students in the East Central State of Nigeria, *Journal of Vocational Behavior*, 20, 153-161.

Acree, E. A.,(1998). The community college counselor: Multiple meanings, multiple realities(job satisfaction, career counseling, professionalization).

Aldenderfer, M. S., & Blashfield, R. K.(1985). Cluster Analysis London: SAGE Publications.

Alvi, S. A., & Khan, S. B.(1983). An investigation into the construct alidity of crites' career maturity model, *Journal of Vocational Behavior*, 22, 174-181.

Amatea, E. S.(1975). Contributions of career development theories, In Regarden, R. C., H. D. & Cottingham, H. F.(Ed.), Facilitating Career development, Springfield, Illinis: Charles C. Thoms. Publisher, 1975.

Ashby, J. D., Wall, H. W., & Osipow, S. H.(1966). Vocational certainty and indecision in college freshmen, *Personnel and Guidance Journal*, 44, 1037-1042.

Baird, L. L.(1969). The undecided student How different is he?, *Personnel and Guidance Journal*, 47, 429-434.

Bandura, A.(1977). Self-efficacy: Toward a unifying theory of behavioral change, Psychological Review, 84, 191-215.

Bandura, A.(1982). Self-efficacy theory in human agency, American Psychologists, 37, 122-147.

Bandura, A.(1986). Social foundations of thought and

action; A social cognitive theory, Englewood Cliffs, NJ: Prentice-Hall.

Bandura, A.(1989). Human agency in social cognitive theory, American Psychologists, 44, 1175–1184.

Barak, A., & Friedkes, R.(1981). The mediating effects of career indecision subtypes on career counseling effectiveness, *Journal of Vocational Behavior*, 20, 120–128.

Barett, T. C., & Tinsley, H. E.(1997).Measuring Vocational self-concept crystallization, *Journal of Vocational Behavior*, 11, 305–313.

Baron R. M., & Ganz, R. L.(1972). Effects of locus of control and type of feed back of the task performance of lower class black children, *Journal of Personality and Social Psychology*, 40.

Battle, J.(1977). Test-retest: reliability of the canadian self-esteem inventory for children. Psychol, REP.

Bathory, M. J.(1967). Occupational aspirations and vocational maurtity, Pater resented at meeting of the American Vocational Association, Cleveland, Ohio, December.

Batoff, S. B.(1996). A short-term rational emotive behavior therapy group for aiding men' s growth and aware- ness(cognitive therepy), 96, 1996.

Bedeian, A. G.(1997). The roles of self-esteem and an achievement in aspiring to prestigious vocations. *Journal of Vocational Behavior*, 11, 109-119.

Beck, A. T.(1976). Cognitive Theory and the Emotional Disorders, New York: International University Press.

BenShem, I., & Avi-Itzhak, T. E.(1991). On work values and career choice in freshmen students: The case of helping vs. other professions, *Journal of Vocational Behavior*, 39(3), 369-379.

Bernard, M. E., & DiGiusepe, R.(1989). Inside Rational-Emotive Therapy: A Critical Appraisal of the Theory and Therapy of Albert Ellis, New York: Academic Press.

Betz, N. E., & Luzzo, E. A.(1996). Career assessment and the Carer Decision-Making Self Efficacy Scale, *Journal of Career Assessment*, 4, 313-328.

Betz, N. E., Klein, K. L., & Taylor, K. M.(1996). Evaluation of a short form of the Career Decision-Making Self-Efficacy Scale. *Journal of Career Assessment*, 4(1), 47-57.

Blustein, D. L.(1989). The role of goal instability and career self-efficacy in the career exploration process, *Journal of Vocational Behavior*, 35, 194-203.

Boeding, C. F.(1976). Career development in elementary

school children. Unpublished doctoral dissertation,
Colorado State University, Brooks(Eds), Career choice
and development: Applying contemporary theoried to
practices, pp.197−261, San Francisco: Jossey−Bass.

Bohn, M. J.(1968). Vocational indecision and interest
development in college freshman, *Journal of College
Student Personnel*, 9, 393−396.

Borgen, F. H., & Barnett, D. C.(1987). Applying cluster
analysis in counseling psychology research, *Journal
of Counseling Psychology*, 34, 456−468.

Brastton, Maryann.(1986). The academic experiences, career
self−efficacy, and performance self−esteem of
female and male doctoral students in counseling
psychology, 164.

Brooks, L.(1990). Validity concerns for counsellors using
the 1978 edition of the Career Maturity Inventory,
Canadian Counsellor, 18(1), 5−12.

Brown, D., & Brooks, L.,(1984). Introduction to career
development: Origins, evolution, and current appro−
aches. In D. Brown, & L. Brooks(Eds.), Career choice
and Development(1−7), San Francisco: Jossey−Bass
Publishers.

Buchholz, R. A.(1978). An empirical study of contemporary

beliefs about work in American society, *Journal of Applied Psychology*, 63, 219-227, 255-259.

Callanan, G. A., & Greenhaus, J. H.(1992). The career indecision of managers and professional: An examination of multiple subtypes, *Journal of Vocational Behavior*, 41, 212-231.

Cervenansky, N. E.(1993). Influencing factors in choosing counseling as a career in recovery from chemical dependence, 336.

Charterand, J. M., & Camp, C. C.(1991). Advances in the measurement of career development construsts: A 20 year review, *Journal of Vocational Behavior*, 39, 1-39.

Cheatham. H. E.(1990). Afrocentricity and career development of African Americans, In R. J. Drummond & C. W. Ryan(Eds.), Career Counseling and Development, 69, 518-524.

Cook, E. P.(1991). Annual review: Practice and research in carer counseling and development, 1990. Career Development Quarterly, 40, 99-131.

Coopersmith, S.(1967). The antecedents of self-esteem, San Francisco: W. H. Freeman and Co.(1987, Reprint Edition).

Crandall, R.(1973). The measures of self-esteem and related

constructs, In J. P. Robinson, & P. R. Shaver(Eds.), : Measures of social psychological attitudes(pp.45-168), Ann Arbor, Michigan: Institute for Social Research.

Crites, J. O.(1965). Measurement of vocational maturity in adolescence: I. Attitude scale of the Vocational Development Inventory, *Psychological Monographs*, 79(2).

Crites, J. O.(1969). Problems in vocational choice, Vocational Psychology, New York; Mc Graw-Hill.

Crites, J. O.(1971). The maturity vocational attitudes in adolescence, Washington, DC: American Personnel and Guidance Association.

Crites, J. O.(1973). Theory and research handbook for the Career Maturity Inventory, Monterey, Calif: CBT /McGraw-Hill.

Crites, J. O.(1974). Problems in the measurement of vocational maturity, *Journal of Vocational Behavior*, 4, 25-31.

Crites, J. O.(1978a). Career Maturity Inventory: Theory and research handbook, Monterey, CA: CBT/McGraw-Hill.

Crites, J. O.(1978b). Manual for the career maturity inventory for adults, Monterey, CA: CBT/McGraw-Hill.

Damon, W., & Hart, E.(1982). The development of self-understanding from infancy through adolescence Child Development, 53, 841-864.

Darrell, A. L.(1995). Gender Difference in college Students' Career Maturity.

DeLorenzo, D. R.(1998). The Relation of Cooperative Education Exposure to Career Decision-making Self-Efficacy and Carer Locus of Control.

Diaz, N. J.(1996). Counselors' attitudes, knowledge and behavior toward vocational education as a result of participating in the counseling for high skills project(career counseling), 127.

Dillard, J. M.(1976). Relationship between career maturity and self concepts of suburban and urban middle and lower class preadolescent black males, *Journal of Vocational Behavior*, 9, 311-320.

Ellis, A.(1962). Reason and emotion in psychotherapy, Secaucus, NJ: Citadel.

Ellis, A.,(1979a). 'The biolofical basis of human irrationality: a reply to McBurnett and LaPointe' , Individual Psychology, 35(1): 111-16.

Ellis, A.(1979b), The Issue of Force and Energy in Behavioral Change. *Journal of Contemporary Psychotherapy*, 10 (2), 83-97.

Ellis, A.(1994). Reason and emotion in psychotherapy, Birch Lane Press Book.

Ellis, A.(1989). The history of Cognition in psychotherapy, In A. Freeman, K. M. simon, L. E. Beutlsse and H. Aronowitz(Eds. P, Comprehensive Handbook of Cognitive Therapy, New York: Plenum. pp.5-19.

Ellis and Dryden(1987). The Practice of Rational Emotive Therapy, Springer Publishing Company: New York.

Erez, M., Borochov, O., & Mannheim, B.(1989). Work values of youth: Effects of sex or sex role typing? *Journal of Vocational Behavior*, 34, 350-366.

Ewing, Michael, J. M.(1996). Correlates of unusual response patterns on the strong interest inventory(career counseling), 125.

Finck, R. C.(1996). Project success: A career counseling intervention program for economically disadvantaged women, 150.

Fitts, W. H.(1965). Manual Tennessee Self Concept Scale, Nashiville, Tenn. : Counselors Recordings and Tests.

Fitzgerald, L. F., & Betz, N. E.(1994). Career development in cultural context: The role of gender, race, class, and sexual orientation. In M. L. Savickas & R. W. Lent(Eds.), Convergence in career development theories(pp.103-118), Palo Alto, CA. Consulting Psychologists Press.

Foltz, B. M.(1993). The effect of a career counseling workshop on the career self-efficacy of non-traditional college students, 72.

Fouad, N. A.,(1998).The construct of career maturity in the United States and Israel, *Journal of Vocational Behavior,* 32, 49-59.

Fouad, N. A., & Keeley, T. J.(1992). Relationship between attitudinal and behavioral aspects of career maturity, Career Development Quarterly, 40, 257-271.

Fuqua, D. R., Blum, C. R. M., & Hartman, B. W.,(1988). Empirical upport for the differential diagnosis of career indecision, Career Development Quarterly, 36, 364-373.

Gade, E. M., & Peterson, G.(1977). Intrinsic and extrinsic work values and the vocational maturity of vocational technical students, Vocational Guidance Quarterly, 26, 125-130.

Gati, I., Givon, M., & Osipow, S. H.(1995). Gender differences in career decision making: The content and structure of preferences, *Journal of Counseling Psychology,* 42(2), 204-216.

Gati, I., Krausz, M., Osipow, S. H.(1996). A taxonomy of difficulties in career decision making, *Journal of Counseling Psychology*, 43(4), 510-526.

Gilmore, J. V.(1974). The productive personality, Albion-Pub, Company.

Ginzberg, E., Ginsburg, S. W., Axelrad, S. & Herma, J. L. (1951). Occupational choice and development, San Francisco: Jossey-Bass.

Goodson, W. D.(1981). Do career development needs exist for all students entering colleges or just the undecided major students? *Journal of College Student Personnel*, 22, 413-417.

Goodstein, L. D.(1965). Behavior theoretical views of counseling. In B. Stefflre(Ed.), Thories of Counseling (pp.140-192), New York: McGraw-Hill.

Gordon, V. N.(1995). The Undecided College Student(2nd ed), Illinois: Thomas Books.

Greenhaus, J. H., & Simon, W. E(1977). Career salience, work values, and vocational indecision, *Journal of Vocational Behavior*, 10, 104-110.

Harman, R. L.(1973). Students who lack vocation, Vocational Guidance Quarterly, 33, 231-240.

Harré, R., & Lamb, R.(1983). The encyclopedic dictionary of

psychology, Cambridge, Massachusetts: MIT Press.

Harter, S.(1982). The perceived competence scale for children, Child Development, 53, 87-97.

Hartman, B. W., Fuqua D. R., & Blum, C. R.(1985). A path-analysis model of career indecision, Vocational Guidance Quarterly, 33, 231-240.

Hartman, B. W., Fuqua D. R., & Jenkins, S. J.(1986). The reliability/generalizability of the construct of career indecision, *Journal of Vocational Behavior*, 28, 142-148.

Hawkins, J. G., Bradley, R. W., & White, G. W.(1977). Anxiety and the process of deciding about a major and vocation, *Journal of Counseling Psychology*, 24 (3), 398-403.

Helbing, H.(1978). Vocational maturity and selfconcepts, ERIC document reproducting service, No, ED 166-579.

Heppner, M. J., & Hendricks, F.(1995). A process and outcome study examining career indecision and indecisiveness, *Journal of Counseling and Development*, 73, 426-437.

Herr & Crammer, S. H.(1972). Vocational guidance and career development in school: Toward a system approach, Huston: Houghton Mifflin Co.

Herr, E. L., & Cramer, S. H.(1979). Career guidance

through the life span, Boston: Little, Brown and
Company.

Herr, E. L., & Enderlein, T. E.(1976). Vocational maturity:
The effects of school, grade, curriculum and sex,
Journal of Vocational Behavior, 8, 227–238.

Hewer, V. H.(1963). What do theories of vocational choice mean
to a counselor? *Journal of Counseling Psychology*, 10,
119–125.

Hill, A. L.(1996). Career counseling and possible selves:
A case study approach, 197.

Holland, J. L., Gottfredson, D. C., & Power, P. G.(1980).
Some diagnostic scales for research in decision
making and persons, *Journal of Personality and Social
Psychology*, 29(6), 1191–1200.

Holland, J. L., & Holland, J. E(1977). Vocational indecision:
More evidence and speculation, *Journal of Counsel-
ing Psychology*, 24(5), 404–414.

Holland, M.(1981). Relationships between vocational devel-
opment and self-concept in sixth grade student, *Journal
of Vocational Behavior*, 18, 223–236.

Holloway, L. D.(1967). An in-depth study of the cooperative
vocational education program, Champaign, Illinois, Un-
published manuscript, University of Illinois.

Howard, G. S., Nancy, D. W., & Myers, P.,(1987). Adaptive counseling and therapy: A systematic approach to selecting effective treatments. San Francisco: Jossey-Bass.

James, W.(1980). Principle of psychology. New York: Holt, 2Vols.

Johnson, H. A.(1991). Reaching out to America' s drpouts: *What to do. Phi Delta Kappan*, 76, 324-331.

Jonassen, D. H., & Grabowski, B. L.(1993). Handbook of individual difference, learning and Instrucion, Hillsdale, NJ; Lawrence Erlbaum Associates.

Jones, L. K.(1989). Measuring a three dimensional construct of career indecision among college student: A revision of the Vocational Decision Scale the Career Decision Profile, *Journal of Counseling Psychology*, 36(4), 477-486.

Jones, L. K., & Chenery, M. F.(1980). Multiple subtypes among vocationally undecided college tudents: A model and assessment instrument, *Journal of Counseling Psychology*, 27(5), 469-477.

Jordan, J. P., & Heyde, M. B.(1979). Vocational maturity during the high school years, New York: Teachers College, Columbia University.

Kaplan, D. M., & Brown, D.(1987). The role of anxiety in career indecisiveness, Career Development Quarterly, 36, 148-162.

Katz, M., Decision and value(1963). New York: College Entrance Examination Board.

Kidd, J. M.(1984). The relationship of self and occupational concepts to the occupational preferences of adolescents, *Journal of Vocational Behavior*, 24, 48-65.

Kimes, H. G., & Troth, W. A.(1974). Relationship of trait anxiety to career decisiveness, *Journal of Counseling Psychology*, 21(4), 277-280.

Korman, A. K.(1967). Self-esteem as a moderator of the relationship between self perceived abilities and vocational choice, *Journal of Applied Psychology*, 51, 1, 65-67.

Korman, A. K.(1974). Self-esteem as a moderator on vocational choice: Replications and extensions: *Journal of Applied Psychology*, 53, 188-192.

Kuldau, J. E., & Hollis, J. W.(1971). The development of attitudes toward work among upper elementary school ages children. *Journal of Vocational Behavior*, 1(4), 387-397.

Larson, L. M., & Heppner, P. P.(1985). The relationship of

problem solving appraisal to career decision and indecision. *Journal of Vocational Behavior*, 26, 55–65.

Larson, L. M., Heppner, P. P., Ham, T., & Dugan, K.(1988). Investigating multiple subtypes of career indecision through cluster analysis, *Journal of Counseling Psychology*, 35(4), 439–446.

Larson, J. H., Butler, M., Wilson, S.,(1994). Medora, N., & Allgood, S., The effects of gender on career decision problems in young adults, *Journal of Consulting and Development*, 73(September/October), 79–84.

Lent, R. W., & Hackett, G.(1987). Career self-efficacy: Empirical status and future directions, *Journal of Vocational Behavior*, 30, 347–382.

Leso, J. F., & Neimeyer, G. J.(1991). Role of gender and construct type in vocational complexity and choice of academic major, *Journal of Counseling Psychology*, 38, 182–188.

Lewis, J. S.(1996). Comparing career and personal counseling: An exploratory study, 103.

Little, S., and Jackson, B.(1974). The Treatment of test anxiety through attentional and relaxation training. *Psychology: Therapy, Research, and Practice*, 11, 175–178.

Locan, J. J., Boss, M. W., & P. J.(1981). A Study of vocational maturity during adolescence and locus of control, *Journal of Vocational Behavior*, 20, 331–342.

London, M., & Greller, M. M.(1991). Demographic trends and vocational begavior: A twinty year retrospective and agenda for the 1990s, *Journal of Vocational Behavior*, 38, 125–164.

Long, B. E., Sowa, C. J., & Nile, S. G.(1995). Differences in student development reflected by the career decisions of college seniors, *Journal of College Student Development*, 36(1), 47–52, 1995.

Lopez, P. G., & Andrews, S.(1987). Career indecision: A family systems perspective, *Journal of Counseling and Development*, 65(6), 304–308.

Lucas, M. S.(1993). A validation of types of career indecision at a counseling center, *Journal of Counseling Psychology*, 40(4), 440–446.

Luzzo, D. A.(1993). Value of career-decision-making attitudes and skill, *Journal of Counseling Psychology*, 40(2), 194–199.

Luzzo, D. A.(1995). Gender differences in college students' career maturity and perceived barriers in career development. *Journal of Consulting and Development*,

73(January/February).

Maichrowicz, R. J.(1996). The importance of career beliefs in the processing of occupational information(vocational counseling), 183.

Manuele, C. A.(1983). The development of a measure to assess vocational maturity in adults with delayed career development. *Journal of Vocational Behavior*, 23, 45-63.

Mceachern, S. R.(1996). Attachment style and counseling as a career choice, 31.

Mendoca, J. D., & siess, T. F.(1976). Counseling for indecisiveness: Problemsolving and anxiety management training *Journal of Counseling psychology*, 23(4), 339-347.

Moracco, J. C.(1976). Vocational maturity of Arab and American high school students, *Journal of Vocational Behavior*, 8, 367-373.

Mussen, P. H., Conger, J. J., Kagan, J., & Huston, A. C.(1984). Child development and personality(6th. Ed.), New York: Harper & Row.

Naidoo, A. V. & Bowman, S. L., Gerstein, L. H.(1998). Demographics, Causality, Work Licence, and the Career Maturity of African-American Student: A Causal Model, *Journal of Vocational Behavior*, 53, 15-27.

Newman, B. M., & Newman, P. R.(1975). Development through life: a psychological approach.

Newman, J. L., Fuqua, D. R., & Minger, C.(1990). Further evidence for the use of career subtypes in defining career status, Career Development Quarterly, 39, 178-188.

Northcutt, C. A.(1987). Personality characteristics of successful career women, Unpublished doctoral dissertation, Univ. of Arizona.

Nowick, S., Strickland, B. R.(1973). A locus of control scale for children, Journal of Consulting and Clinical Psychology, 49, 148-155.

O' hara, R. P.(1962). The roots of careers, *Elementary School Journal*, 62, 277-280.

O' Hare, M. M., & Tamburri, E.(1986). Coping as a moderator of the relation between anxiety and career decision making, *Journal of Counseling Psychology*, 33(3), 255-264.

Omvig, C. P., & Thonas, E. G.(1977). Relationship between career education, sex, and career maturity of sixth and eighth grade pupils. *Journal of Vocational Behavior*, 11, 322-331.

Oppenheimer, E.(1966). The relationship between certain self constructs and occupational preferences, *Journal of counseling Psychology*, 13, 191-197.

Osipow, S. H., Carney, C. G., & Barak, A.(1976). A scale of educational vocational undecidedness: A typological approach, *Journal of Vocational Behavior*, 9, 233-243.

Osipow, S. H.(1983). Theories of career development(3rd ed.). Englewood Cliffs, NJ: Prentice-Hall.

Osipow, S. H.(1987). Manual for the career Decision Scale, Odessa, FL: Psychological Assessment Recources.

Parr, J., & Neimeyer, G. J.(1994). Effects of gender, construct type, occupational information, and career relevance on vocational differentiation, *Journal of Counseling Psychology*. 41(1), 27-33.

Parsons, F. W.(1990). Choosing a vocation. Boston: Houghton Mifflin.

Pavlak, M. F.(1981). Student Characteristics as Predictors of Vocational Attitude Maturity and Job Satisfaction, Unpublished doctoral dissertation, Pennsylvania State University.

Purvis, J. R. & Krammer, P.(1983). *Career interest areas idetified by elementary students*. University of Southern Mississippi: Department of Curriculum and Instruction.

Phyllis Post-Kammer.(1987). Intrinsic and extrinsic work valuesand career maturity of th-and 11th-grade boys and girls. *Journal of Counseling and Development*, 65, 420-423.

Pope, A. W.(1988). McHale, S. M., & Craighead, W. E., Self-esteem enhancement with children and adolescents. New York: Pergamon Press.

Ralph. J. R.(1986). An investigation of self-concept, locus of control and age as correlates of career maturity among graduate Nursing students, Unpublished doctoral dissertation. Auburn University.

Robbins, S. B.(1987). Predicting change in career indecision from an self-psychology perspective, Career Development Quarterly, 35, 288-296.

Rojewski, J. W.(1994). Predicting career maturity attitudes in rural economically disadvantaged youth. *Journal of Career Development*, 21(1), 49-61.

Rosenberg, M.(1965). Society and the adolescent self-image, Princeton, NJ: Princeton University Press.

Rotter, J. B.(1954). Social Learning and clinical psychology, Englewood Cliffs, NJ: Prentice-hall.

Rotter, J. B.(1966). Generalized expectancies for internal vs. external control of reinforcement Psychological

Monographs, 80, 1-28.

Savickas, M. L., & Jarjoura, D.(1991). The Career Decision Scale as a type indicator, *Journal of Counseling Psychology*, 38(1), 85-90.

Savickas, M. L.(1994). Measuring career development: current status and future direction, career Development Quarterly, 43, 54-62.

Schadt, D. O.(1996). The effects of career counseling on the psychosocial well-being, career, Decision-making self-efficacy, and self-esteem of midlife women, 126.

Seely, F. P.(1990). A longitudinal study of Project Trio: Adrpout prevention program in a large urban environment (Doctoral dissertation, Florida International University, 1990). *Dissertation Abstracts International*, 51, 06A.

Shevelson, R. J., Hubner, J. J., & Stanton, G. C.(1976). Self concept: Validation of construct interpretations. Review of Educational Research, 46(3), 407-441.

Silva, J. S.(1990). Comparison group study of career knowledge and attitudes of inner-city program participants and nonparticipants(Doctorial dissertation, Boston College, 1989). *Dissrtation Abstracts International*, 41, 03A.

Solberg, V. S., Good, G. E., Fischer, A. R., Brown, S. E., & Nord, E.(1995)., Career decision-making and career search activities: Relative effectrs of career search self-efficacy and human agency, *Journal of Counseling Psychology*, 42(4), 448-455.

Spokane, A. E., & Fretz, B.(1992). Process and outcome changes associated with 8 sessions of career counseling: Focus on career beliefs, Paper presented at the annual meeting of the American Educational Research Association.

Srebalus, D. J., Marinelli, R. P., & Messing, J. K.(1982). Career development: Concepts and procedures, Monterey, CA: Brooks/Cole.

Storey, W. D.(1979). A guide for career development inquiry. In R, Harre, & Lamb.(1983), The encyclopedic dictionary of psychology, Cambirdge, Massachusetts: MIT Press.

Super. D. E.(1953). A theory of vocational development, The American Psychologist, 8, 185-190.

Super, D. E.(1957). The preliminary appraisal in vocational counseling, *Personnel and Guidance Journal*, 36, 18-26.

Super, & Forrest, D. J.(1957). Career Development Inventory: Preliminary Manual for research and field trial, New York: Teachers College, Columbia University.

Super. D. E.(1957). The psychology of careers, New York: Harper & Row.

Super. D. E.(1969). Vocational development theory: Persons, positions, and process, Counseling Psychologist, 1, 19-23.

Super. D. E.(1983). Assessment in career guidance: Toward truly Developmental counseling, *Personal and Guidance Journal*, may, 555-562.

Super. D. E.(1984). Career and life development, IN D. Brown & L. Brooks(Eds.). Career choice and development, San Francisco: Jossey-Bass.

Super. D. E.(1990). A life-span, life-space approach to career development, In D. Brown & L.

Super. D. E. & Crites, J. O.(1962). Appraising vocational fitness, New York: Harper & Row Publisher.

Super. D. E. & Nevill, D. D.(1984). Work Role Salience as a Determinant of Career Maturity in High School Students, *Journal of Vocational Behavior* 25, pp.30-44.

Szydlik, L. L.(1995). The effects of career group counseling on the self-concept of at-risk high school students as measured by the piers-harris children' s self-concept scale, 143.

Taylor, K. M.(1982). An investigation of vocational indecision in college student: Correlates and moderators, *Journal of Vocational Behavior*, 21, 318-329.

Taylor, K. M., & Betz, N. E.(1983). Applications of self-efficacy theory to the understanding and treatment of career indecision, *Journal of Vocational Behavior*, 22, 63-81.

Taylor, K. M., & Popma, J.(1990). An examination of the relationships among career decision-making self-efficacy, career salience, locus of control, and vocational indecision, *Journal of Vocational Behavior*, 37, 17-31, 1990.

Thurstone, L. L.(1946), Multiple factor analysis, Chicago: University of Chicago Press.

Tolbert, E. L.(1980), Counseling for career development(2nd ed), Boston: Houghyon Mifflin.

Torres, C.(1986). Cultural and psychological attributes and their implications for career choice and aspirations among mexican american females(Doctoral dissertation, Univ of California, L. A., 1985).

Tracey, T. J. G.(1997). The structure of interests and self-efficacy expectations: An expanded examination of the spherical model of interests, *Journal of Coun-*

seling Psychology, 44(1), 32-43.

Van Maanen, J., & Schein, E. H.(1983). Career developnaen. In R. Harre' , & R. Lamb.(1983), The encyclopedic dictionary of psychology, Cambridge, Massachusetts: MIT Press.

Wagmna, M.(1965). Sex and age differences on occupational values, *The Personnel and Guidance Journal*, 43, 258-262.

Wallas, R. T., & Gulkus, S. P.(1974). Reinforcers, values, and vocational maturity in adults, Paper presented at the meeting of the American Educational Research Association, Chicago(ERIC Document Reproduction Service No. ED 89, 168).

Walters. L, & Saddlemire, G.(1979). Career planning needs of college freshmen and their perceptions of career planning, *Journal of College Student Personnel*, 20, 224-229.

Wanberg. C. R., & Muchinsky, P. M.(1992). A typology of career decision status: Validity extension of the vocational decision status model, *Journal of Counseling Psychology*, 39(1), 71-80.

Watson, M. B., & Ban Aarde, J. A.(1986). Attitudinal career maturity of South African colored high school pupils,

Journal of Vocational Behavior, 29, 7–16.

Weinrach, S. G.(1979). Trait–and–factor counseling: Yes–terday and today, In S. G. Weinrach(Ed.), Career counseling: Theoretical and practical perspective, New York: McGraw–Hill.

Westbrook, B. W., Cutts, C. C., Madison, S. S., & Arcia, M.(1980). The validity of the Crites model of career maturity. *Journal of Vocational Behavior*,16, 249–281.

Wigent, P. A.(1974). Personality valiables related to career decision–making abilities of community college stu–dents, *Journal of College Student Personnel*, 15, 105–108.

Zunker, V. G.(1986). Career counseling: Applied concepts of life planning(2nd ed.) Monterey, CA: Brooks/Cole).

Zunker, V. G.(1990). Career Counseling: Applied Concepts of life planning(3rd. eds.),Brooks/Cole Publishing Company.

Zunker(1994). V. G., Career Counseling: Applied Concepts of life planning, Pacific Grove, CA: Brooks/Cole Publishing Co.

〈부록 1〉

*검사일: (사전, 사후)
*이 름: *학 과:
*학 년: *성 별: 남,   여
*집단명:_____요일,_____시간
        (자기주장, REBT, 일반 진로집단, 강의)

안녕하세요?
귀중한 시간을 내어 주셔서 감사합니다.
본 질문지는 자기 효능감, 대인관계 특성, 진로 태도 성숙 정
도, 진로 결정 유형을 파악하기 위한 것으로 오직 연구를 위해서
만 사용되는 것이며, 여러분의 개인적인 정보나 결과는 절대 외
부로 누출될 염려가 없습니다. 한 문항도 빠짐없이 여러분의 생
각이나 경험을 정확하고 솔직하게 대답해 주시기 바랍니다.

                            건국대학교 교육학과 대학원
                            박사과정 김희수 올림

Ⅰ. 자기 효능감 척도

다음 질문들은 평소에 자신에 대해서 어떻게 느끼고 생각하고 있는지를 알아보기 위한 것입니다. 각 문항을 읽으시고 당신의 느낌과 가장 가까운 항목에 ∨표 해 주십시오.

	전혀 아니다	대체로 아니다	보통 그렇다	대체로 그렇다	아주 그렇다
1. 나는 계획대로 수행할 수 있다.					
2. 나는 일을 해야 할 때 바로 일을 시작하지 못하는 문제점이 있다.					
3. 어떤 일을 첫 번에 잘못했더라도 나는 될 때까지 해 본다.					
4. 나는 중요한 목표를 설정하면 성취할 수 있다.					
5. 나는 어떤 일을 끝마치기도 전에 포기한다.					
6. 나는 어려운 일에 부딪히는 것을 피한다.					
7. 나는 어떤 일이 너무 복잡해 보이면 해 볼 시도조차 안 한다.					
8. 별로 유쾌하지 않은 어떤 일을 할 때 나는 그것을 끝마칠 때까지 반드시 한다.					
9. 나는 뭔가 할 일이 있을 때 바로 그 일을 시도한다.					
10. 새로운 어떤 일을 배우려고 시도할 때 처음에 성공할 것 같지 않으면 바로 포기한다.					
11. 예기치 못한 문제가 일어나면 나는 잘 대처할 수 없다.					
12. 나는 어떤 새로운 일이 너무 어려우면 배우려고 하지 않는다.					

13. 실패는 나로 하여금 더 열심히 노력 하도록 만들 뿐이다. |＿＿|＿＿|＿＿|＿＿|＿＿|

14. 나는 어떤 일을 할 수 있는 내 능력 에 불안감을 느낄 때가 있다. |＿＿|＿＿|＿＿|＿＿|＿＿|

15. 나는 자신감이 없다. |＿＿|＿＿|＿＿|＿＿|＿＿|

16. 나는 쉽게 포기한다. |＿＿|＿＿|＿＿|＿＿|＿＿|

17. 나는 인생에 부딪히는 거의 모든 문 제들을 다룰 능력이 없는 것 같다. |＿＿|＿＿|＿＿|＿＿|＿＿|

18. 새 친구를 사귀는 일은 내게 너무 어 려운 일이다. |＿＿|＿＿|＿＿|＿＿|＿＿|

19. 나는 어떤 사람이 보고 싶으면 그 사 람이 와주기를 기다리는 대신 내가 먼저 간다. |＿＿|＿＿|＿＿|＿＿|＿＿|

20. 내가 관심을 가지는 어떤 사람이 사 귀기 어려운 사람이라도, 나는 사귀 는 것을 쉽게 그만두지 않는다 |＿＿|＿＿|＿＿|＿＿|＿＿|

21. 첫눈에 호감이 가지 않는 사람이라 해도, 나는 그 사람과 사귀는 것을 쉽게 그만두지 않는다. |＿＿|＿＿|＿＿|＿＿|＿＿|

22. 나는 사회적(사교적) 모임에서 내 자 신을 어찌하면 좋을지 모르겠다. |＿＿|＿＿|＿＿|＿＿|＿＿|

23. 나는 지금의 내 친구들을 내 사교성 덕에 사귀었다. |＿＿|＿＿|＿＿|＿＿|＿＿|

Ⅱ. 대인관계 질문지

다음 질문들은 당신이 평소에 가까이 접촉하고 있는 사람들과
어떻게 지내는지를 알아보고자 하는 항목입니다. 각 문항을 읽으
시고 아래에 제시된 사람들에 대하여 당신이 어떻게 생각하고 있
는지 가장 가까운 항목에 ∨표 해 주십시오.

A. 나의 가족은(는)	전혀 아니다	대체로 아니다	보통 그렇다	대체로 그렇다	아주 그렇다
1. 좋은 일이 생기면 나와 함께 그것을 나누려한다					
2. 내가 필요로 할 때 힘이 되어 준다.					
3. 내가 진정으로 믿고 의지할 수 있다.					
4. 내가 고민거리가 있을 때 같이 의논할 수 있다.					
5. 내가 아플 때 염려를 해준다.					
6. 나를 위해 주려고 한다.					
7. 나를 좋아하고 있다는 표현을 한다.					
8. 나에게 나쁜 일이 일어나면 같이 걱정을 해 준다.					
9. 내 기분이 좋지 않을 때 위로를 해준다.					
10. 내가 하는 일의 가치를 인정해 준다.					
11. 나와 함께 즐거운 일을 하거나 같이 지내려고 한다.					
12. 내가 하고 싶은 이야기를 마음 놓고 할 수 없다.					
13. 내가 집안일을 할 수 없을 때 기꺼이 도와준다.					

B. 나와 가장 가까운 친척_____은(는)

	전혀 아니다	대체로 아니다	보통 그렇다	대체로 그렇다	아주 그렇다

1. 좋은 일이 생기면 나와 함께 그것을 나누려한다. |____|____|____|____|____|

2. 내가 필요로 할 때 힘이 되어 준다. |____|____|____|____|____|

3. 내가 진정으로 믿고 의지할 수 있다. |____|____|____|____|____|

4. 내가 고민거리가 있을 때 같이 의논할 수 있다. |____|____|____|____|____|

5. 내가 아플 때 염려를 해준다. |____|____|____|____|____|

6. 나를 위해 주려고 한다. |____|____|____|____|____|

7. 나를 좋아하고 있다는 표현을 한다. |____|____|____|____|____|

8. 나에게 나쁜 일이 일어나면 같이 걱정을 해 준다. |____|____|____|____|____|

9. 내 기분이 좋지 않을 때 위로를 해준다. |____|____|____|____|____|

10. 내가 하는 일의 가치를 인정해 준다. |____|____|____|____|____|

11. 나와 함께 즐거운 일을 하거나 같이 지내려고 한다. |____|____|____|____|____|

12. 내가 하고 싶은 이야기를 마음 놓고 할 수 없다. |____|____|____|____|____|

13. 내가 집안일을 할 수 없을 때 기꺼이 도와준다. |____|____|____|____|____|

C. 나와 가장 친한 친구 혹은 직장 동료 _____은(는)

	전혀 아니다	대체로 아니다	보통 그렇다	대체로 그렇다	아주 그렇다
1. 좋은 일이 생기면 나와 함께 그것을 나누려한다.					
2. 내가 필요로 할 때 힘이 되어 준다.					
3. 내가 진정으로 믿고 의지할 수 있다.					
4. 내가 고민거리가 있을 때 같이 의논할 수 있다.					
5. 내가 아플 때 염려를 해준다.					
6. 나를 위해 주려고 한다.					
7. 나를 좋아하고 있다는 표현을 한다.					
8. 나에게 나쁜 일이 일어나면 같이 걱정을 해 준다					
9. 내 기분이 좋지 않을 때 위로를 해준다.					
10. 내가 하는 일의 가치를 인정해 준다.					
11. 나와 함께 즐거운 일을 하거나 같이 지내려고 한다.					
12. 내가 하고 싶은 이야기를 마음 놓고 할 수 없다.					
13. 내가 집안일을 할 수 없을 때 기꺼이 도와준다.					

D. 당신의 주변에는 당신이 자신의 마음을 터놓고 이야기하거나 당신의 걱정
거리를 같이 의논할 수 있는 사람이 몇 사람이나 있습니까?

_____명

III. 진로 태도 성숙도 척도

다음 질문들은 진로 태도 성숙 정도를 알아보고자 하는 항목입
니다. 각 문항을 읽으시고 아래에 제시된 사람들에 대하여 당신이
어떻게 생각하고 있는지 가장 가까운 항목에 ∨표 해 주십시오.

	전혀 아니다	대체로 아니다	대체로 그렇다	아주 그렇다
1. 나는 내 자신이 무엇을 원하는 가를 알고 있다고 생각한다.	|____	____	____|	
2. 원하는 일을 할 수 있도록 많은 자유를 줄 수 있는 그런 직업을 갖고 싶다.	|____	____	____|	
3. 진로를 선택하는 데 있어서 최선의 방법은 가 능한 몇 개의 진로를 생각해보고 나서 그중에 서 가장 좋아하는 진로를 선택하는 것이다.	|____	____	____|	
4. 누구나 나이가 들어감에 따라 어린 시절에 가졌던 계획을 바꾸는 것은 당연한 일이다.	|____	____	____|	
5. 나는 학교를 졸업한 후에 대학 진학을 할 것인지 직장 생활을 할 것인지를 이미 결정 해 놓았다.	|____	____	____|	

전혀   대체로   대체로   아주
아니다 아니다   그렇다   그렇다

6. 앞으로 갖고자 하는 직업이 내가 되고자 하
   는 사람이 될 수 있게 해줄지 걱정이다. |____|____|____|

7. 내 주위 사람마다 나에게 서로 다른 말을
   해 주기 때문에 직업선택을 하는 것이 매우 |____|____|____|
   혼란스럽다.

8. 직업선택을 할 때마다 여러 가지를 생각해
   야 하므로 의사 결정을 하기가 어렵다. |____|____|____|

9. 직업을 선택하기 이전에 자신이 잘하는 것
   이 무엇이고 못하는 것이 무엇인지를 미리 |____|____|____|
   알고 있어야 한다.

10. 진로를 선택하는 데 있어서, 자신이 어떤
    사람인지를 먼저 알 필요가 있다. |____|____|____|

11. 15세가 될 때까지는 자신이 갖고자 하는 직업
    을 대개 어느 정도 마음속으로 정해야 한다. |____|____|____|

12. 먼저 직업을 선택하고, 그리고나서 어떻게
    취직할 것인지 계획을 세워야 한다. |____|____|____|

13. 직업에 대해서 아무 것도 잘 모르는 상태
    에서 직업을 선택한다는 것은 매우 걱정되 |____|____|____|
    는 일이다.

14. 직업에 대한 정보가 수시로 변하더라도 직
    업 준비는 미리 해 두어야 한다. |____|____|____|

15. 미래가 불확실할 때에는, 어떤 직업을 선택
    할 지에 대해 고민하면서 미리 준비할 필 |____|____|____|
    요가 없다.

16. 학교를 다니는 중에 앞으로 선택할 직업에
    대해 고민하고 준비하는 사람을 보면 이해 |____|____|____|
    가 안 된다.

17. 사람들은 노력하기만 한다면 자신이 원하
    는 것을 이룰 수 있다. |____|____|____|

18. 직업이라는 것은 돈을 얼마나 벌 수 있는 가를 결정해 주기 때문에 중요하다 |____|____|____|

19. 직업선택에 있어서 중요한 것은 어떤 직업을 좋아하는가보다 어떤 직업을 더 잘 할 수 있는가를 아는 것이다. |____|____|____|

20. 일이라는 것은 자신이 원하는 것을 살 수 있게 해 주기 때문에 가치가 있다. |____|____|____|

21. 일은 고된 것이다. |____|____|____|

22. 사람들은 각자 자기가 먹고 살 몫은 가지고 태어나기 때문에 특별히 직업 걱정을 할 필요가 없다. |____|____|____|

23. 일하는 것이 좋은 것이라고 생각해 본 적이 없다. |____|____|____|

24. 진로 선택은 때가 되면 누구든지 하게 마련이므로 미리 준비할 필요가 없다. |____|____|____|

25. 자신이 원하는 직업을 갖는 사람이 별로 없기 때문에, 특별히 직업선택에 대해 고민할 필요가 없다. |____|____|____|

26. 앞으로 갖고자 하는 직업에 대해 약간의 의심이라도 나면 부모님이나 친구들에게 자문을 구해야 한다. |____|____|____|

27. 자신의 소신대로 일할 수 있는 그런 직업을 선택해야 한다. |____|____|____|

28. 진로 선택이란 내 인생을 결정해 주기 때문에 스스로 하는 것이 좋다. |____|____|____|

29. 나는 부모님이 원하시는 직업을 갖고자 한다. |____|____|____|

30. 근무시간도 짧고 작업환경도 좋은 그런 직
    업을 갖고 싶다. |____|____|____|

31. 직업선택을 할 때 가장 중요시하는 것은
    그 직업이 앞으로 출세할 수 있는 기회를 |____|____|____|
    제공해 줄 수 있는가 하는 것이다.

32. 앞으로 되고자 하는 자신의 모습에 대해
    자주 상상해보는 편이지만, 실제로 어떤 |____|____|____|
    직업을 가져야겠다고 생각해본 적은 없다.

33. 진로를 결정할 때에는 몇 가지 다른 일에
    대해서도 고려를 해야 한다. |____|____|____|

34. 내가 원하는 직업을 얻을 때까지 결코 포
    기하지 않는다. |____|____|____|

35. 내가 세운 진로계획이 현실적으로 잘 맞는
    것인지 모르겠다. |____|____|____|

35. 내가 세운 진로계획이 현실적으로 잘 맞는
    것인지 모르겠다. |____|____|____|

35. 내가 세운 진로계획이 현실적으로 잘 맞는
    것인지 모르겠다. |____|____|____|

37. 봉급을 많이 주는 직업을 원한다. |____|____|____|

38. 앞으로 직업을 선택할 때, 그 직업이 무엇
    이든지 간에 가장 손쉽게 구할 수 있는 직 |____|____|____|
    업을 선택할 것이다.

39. 비록 나와는 잘 어울리지 않더라도, 남들이
    부러워하는 직업 및 진로를 선택할 것이다. |____|____|____|

Ⅳ. 의사 결정 유형 검사

다음 질문들은 여러분의 의사 결정 유형을 알아보기 위한 것입니다. 그 내용이 자신의 입장과 똑같거나 거의 같으면 '그렇다'에, 매우 다르거나 거의 다르면 '아니다'에 Ⅴ표 해 주십시오.

	그렇다	아니다
1. 나는 중요한 결정을 할 때 매우 체계적으로 한다. -----------------------------	( )	( )
2. 나는 중요한 결정을 해야 할 때, 누군가가 올바른 방향으로 이끌어 주었으면 한다. ---------	( )	( )
3. 나는 내 자신의 즉각적인 판단에 따라, 매우 독창적으로 결정을 한다. ---------------------	( )	( )
4. 나는 대체로 미래보다는 현재의 내 입장에 맞춰서 일을 결정한다. ------------------	( )	( )
5. 나는 모든 정보를 수집할 수 없는 상태에서는 중요한 결정을 좀처럼 하지 않는다. -----------	( )	( )
6. 나는 왜 그렇게 결정했는지 이유는 모르지만, 곧잘 올바른 결정을 한다. -----------------	( )	( )
7. 나는 어떤 결정을 할 때 그것이 나중에 미칠 결과까지도 고려한다. ---------------------	( )	( )
8. 나는 어떤 결정을 할 때 친구의 생각을 중요시한다.	( )	( )
9. 나는 남의 도움 없이는 중요한 결정을 하기가 정말 힘들다. ------------------------	( )	( )
10. 나는 중요한 결정이라도 매우 빠르게 결정한다. -----------------------------	( )	( )
11. 나는 어떤 결정을 할 때 내 자신의 감정과 반응에 따른다. ------------------------	( )	( )
12. 나는 내가 좋아서 결정하기보다는 남의 생각에 따라 결정하는 경우가 많다. --------------	( )	( )

그렇다   아니다

13. 나는 충분히 시간을 두고 생각을 한 후에 결정을 한다. ───────────────────── ( ) ( )

14. 나는 어떤 일을 점검해 보거나 사실을 알아보지도 않고 결정하는 경우가 많다. ────────── ( ) ( )

15. 나는 친한 친구와 먼저 상의하지 않고서는 어떤 일이든 좀처럼 결정하지 않는다. ────────── ( ) ( )

16. 나는 결정하는 것이 어려워 그것을 연기하는 경우가 많다. ───────────────────── ( ) ( )

17. 나는 중요한 결정을 해야 할 때 우선 충분한 시간을 갖고 계획을 세우며 실천할 일들을 골똘히 생각한다. ───────────────────── ( ) ( )

18. 나는 결정에 앞서 모든 정보가 확실한지 아닌지를 재검토한다. ──────────────────── ( ) ( )

19. 나는 진지하게 생각해서 결정하지 않는다. 즉, 마음속에 있던 생각이 갑자기 떠올라 그에 따라서 결정을 한다. ──────────────── ( ) ( )

20. 나는 중요한 일을 할 때 미리 주의 깊은 세밀한 계획을 세운다. ──────────────────── ( ) ( )

21. 나는 다른 사람들의 많은 격려와 지지가 있어야만 어떤 일을 결정할 수 있을 것 같다. ( ) ( )

22. 나는 어떤 일을 결정한 다음, 그 결정이 내 마음에 들지 안 들지를 상상해본다. ────────── ( ) ( )

23. 나는 평판이 좋을 것 같지 않은 결정을 해봤자 별 의미가 없다고 생각한다. ──────────── ( ) ( )

24. 나는 내가 내리는 결정에 굳이 합리적인 이유를 따질 필요가 없다고 생각한다. ──────────── ( ) ( )

25. 나는 올바른 결정을 하고 싶기 때문에 성급하게 결정을 하지 않는다. ─────────────── ( ) ( )

26. 나의 어떤 결정이 감정적으로 만족스러우면 나
　　는 그 결정이 옳다고 여긴다.------------- 　　(　) (　)

27. 나는 훌륭한 결정을 내릴 자신이 없어서 대개
　　다른 사람들의 의견을 따른다.----------- 　　(　) (　)

28. 나는 내가 내린 결정 하나 하나가 최종 목표를
　　향해 발전해 나가는 단계라고 곧 잘 생각한다. 　　(　) (　)

29. 친구가 나의 결정을 지지해 주지 않으면 나는
　　나의 결정에 그다지 자신을 갖지 못한다.---- 　　(　) (　)

30. 나는 어떤 결정을 하기 전에 그 결정이 가져올
　　결과를 가능한 한 많이 알고 싶다.-------- 　　(　) (　)

〈부록 2〉

참가자 자기평가서의 결과

참가자들이 작업지에 직접 작성한 결과는 다음과 같다.

1. 이 프로그램을 하면서 가장 기억에 남는 것은 무엇입니까?
   - 어떤 면에서 현재 나의 상태와 직업에 대한 구체적인 관심을 갖게 되었다.
   - 불합리한 생각에 대한 서로의 이야기 시간에 한 친구가 눈물을 흘린 일이다.
   - 자신의 비합리적 사고를 고찰했던 일.
   - 멀게 느꼈던 직업 선택이 무척 가깝게 다가왔다는 점이다.
   - 자신의 이야기를 자유롭게 할 수 있었던 것이 너무 좋았다.
   - 성격검사와 적성검사를 한 것과 합리적인 의사 결정에 대해 알게 된 것이 좋았다.
   - MBTI 검사를 통해 나의 성격의 객관성을 찾은 점이 좋았다.
   - 많이 고민하고, 생각하며 서로에게 솔직했던 모습들이 좋았다.
   - '교사'라는 직업에 대해 많이 생각하고 신중하게 되었다.
   - 교사로서 상담을 하려면 예비적인 상담 지식이 중요하다는 것을 알았다.
   - 적성검사를 통해 나 자신에 대해서 자신감을 얻었다.

- MBTI를 통해 성격을 객관적으로 알게 된 것이 좋았다.
- 자신의 비합리적인 신념을 알아보는 것이 가장 기억에 남는다.
- 자신의 합리적이지 못한 부분을 서로 얘기하며 생각을 나눈 것이 좋았다.
- 나의 적성과 성격을 측정해본 것이 흥미롭다.
- 진로탐색 과정 중 다른 사람에게 어울리는 직업을 말해보는 것과 자신의 직업관을 탐구해보는 것이 좋았다.
- 자신의 비합리적 신념을 나눈 것이다.
- 너무 편안하게 이루어진 집단 상담이었다.

2. 실제 생활에 적용한다면 무엇을 적용하시겠습니까?
- 성공 콤플렉스나 완벽주의를 탈피하고자 한다. "그래, 내가 이걸 다-해야 되는 건 아니지!"라며 되새기는 일이 있다.
- 전문가의 의견을 들어보는 것이 도움이 될 것 같다. 상담의 중요성을 깨달았다.
- 진로 선택에 적용하고 싶다.
- 진로에 대한 정보 탐색에 좀 더 노력해야겠다.
- 이것을 계기로 상담의 중요성을 많이 느끼게 되어서, 앞으로는 기회가 있을 때마다 상담을 받아보는 것도 좋을 것 같다는 생각을 했다.
- 구체적으로 미래를 생각하게 되었고, MBTI를 통해 서로 다른 성향을 인지하므로 타인을 이해하는데 도움이 되었다.
- 항상 자신을 탐구하겠다. 다른 사람을 이해하는 마음이 더 커진 것 같다.
- 삶의 목표를 구체적으로 세우는 것이 중요한 것 같다.

- 구체적인 계획을 통한 목표의 성취를 위해 노력하겠다.
- 무엇을 결정할 때 막연하게 머리 속으로 생각하기보다 고려 사항을 항목별로 적어놓고 스스로 답하는 것이 큰 도움이 됨을 느꼈다.
- 비합리적인 사고에서 선행사건을 찾아내고, 긍정적인 생각으로 고쳐야겠다.
- 자신에 대한 비관적인 생각을 긍정적인 생각으로 바꿔 나가는 데에 적용할 수 있겠다.
- 비합리적인 부분들을 의식하며 고쳐가고 싶다.
- 직업 선택에 대한 나의 적성과 흥미, 관심을 앞으로 직업에 반영해야겠다.
- 공부 즉 성적이 나쁘면 인생을 헛살은 것이라는 비합리적 신념을 버리겠다. 좀 더 나 자신에게 관대한 태도를 취하고 자신감을 기르고 싶다.
- 자기 속에 담아두고 못하는 이야기를 말로 표현할 수 있도록 하겠다.
- 무조건 자신이 모든 것을 해결해야만 한다는 생각으로 스스로를 힘들게 하는 것에서 벗어나도록 하겠다.
- 나의 진로를 결정하는데 적용하고 싶다.

3. 이 프로그램에 참가하면서 자신에 대해 무엇을 알았습니까?
- 내가 자주하는 말 중에 "쉽게 좀 살자!"라는 말이 있다. 난 내가 정말 쉽게 살면서 하는 말이라 생각했는데, 사실 난 그만큼 어렵게 살고 있었음을 알았다.
- 성실성과 계획성이 많이 필요하다는 것을 알았다.

- 스스로도 느끼긴 했지만, 남들 눈에 얼마나 내가 비관적이고 무기력하게 보였는가를 알았다. 앞으로는 말부터라도 긍정적이고 자신감 있는 표현을 해야겠다는 생각을 했다.
- 그동안 진로에 대한 심각한 고민, 정보 탐색 단계가 너무 없었다.
- 여러 검사를 통해서 나의 성향을 구체적으로 알 수 있는 계기가 된 것이 좋았다.
- 그동안 나의 생각이 어렸다는 것을 알게 되었다.
- 스스로를 과대평가하고 있었음을 느꼈다.
- 가치관과 성향을 보다 구체적으로 알게 되었다.
- 보다 더 적극적이고 싶은 내 성격을 더 부각시키고 싶다.
- 정보과 숙고를 통한 계획된 삶을 살아야 하겠다.
- 진로에 대해서 너무 막연한 생각을 하고 있었다.
- 자기 비하 적이었던 나를 발견했다.
- 흥미와 적성이 일치하지 않고 있다는 것을 알았다.
- 그동안 너무 자신감이 없었다는 것을 알았다.
- '나는 어떤 사람인가' 라는 물음에 대답할 수 있을 정도로 어느 정도 체계가 잡힌 것 같다.
- 나 자신에 대한 비합리적 생각과 성격의 단점 등을 알게 되었다.
- 생각을 바꾸면 얼마든지 행복해 질 수 있다는 것과 나에게 너무 자신감이 없었다는 것을 알았다.
- 나 스스로를 굉장히 격하시키고 있다는 것을 알았다.
- 다른 사람들 앞에서 나의 비합리적인 신념을 말하면서 친구들의 말을 들었을 때 자신을 많이 돌아보게 되었다.

- 나의 자아가 너무 강하다는 것을 알았다.

4. 이 프로그램에 대한 본인의 생각과 느낌을 말해주십시오.

- 평소에 상담학에 관심이 있었는데, 전문적인 이론을 배운 것은 아니지만, 내가 참여한 것이 좋은 계기가 되었다.
- 집단 상담도 좋았지만, 개인 상담을 받아보고 싶다.
- 자신에 대하여 생각해 볼 수 있는 시간이었고, 진로에 대한 결정이 시급하다는 생각을 할 수 있었다.
- 정보탐색, 진로결정에 대한 실천력을 길러서 보다 적극적으로 준비해야겠다.
- 학교생활을 하는 가운데 전혀 생각하지 않았던 부분에 대해 생각할 수 있는 기회를 갖게 된 것과 다른 과 학생들과 어울릴 수 있었던 것이 좋았다. 하지만 진로 상담에 있어 좀 더 구체적인 직업소개와 다양한 프로그램이 준비되면 더 좋을 것 같다.
- 자신을 구체적으로 바라보게 해주었던 것 같다.
- 나에게 정말 도움이 되는 조언과 다른 사람들의 생각과 그들의 상황을 통해서 모두의 고민을 생각해보는 기회였다.
- 막연하고 단순하게 "교사가 되어야지" 하는 마음에 보다 긴장감을 준 기회였고, 이 직업에 대해 더 많이 알게 되어 좋았다.
- 대학교에서도 꼭 필요하지만, 중·고등학교에 이런 상담 과목이 꼭 있어야 할 것 같다.
- 진로 상담이라는 분야에 대해서 알게 되어 좋았다.
- 그동안 갖고 있던 '상담'에 관한 편견이 해소되었다.

- 다른 사람들과 의견을 나누면서 나오는 다른 생각을 갖고 있는 사람들에 대해 이해할 수 있었다.
- 자신을 돌아보는데 많은 도움이 되는 프로그램인 것 같다. 그동안 몰랐던 '타인이 나를 보는 시각'을 알 수 있어서 좋았다. 이 프로그램을 저학년일 때 한다면 더 효과적일 것이다.
- 좀 더 적은 인원수로 더 깊이 있는 대화를 나누지 못한 것이 좀 아쉽다.
- 상담에 대한 두려움과 기대감이 있었는데, 좋은 선생님과 친구들을 만나 새로운 경험을 했다는 것이 좋았고, 생각을 공유할 수 있다는 것에 대해 집단 상담의 새로움을 느낄 수 있었다.
- 자기를 객관적으로 돌아볼 수 있는 좋은 기회였고, 자기 발전을 이룬 것 같아서 기분이 좋다.
- 비합리적인 신념을 바꾸기 위해서는 시간이 많이 필요하고, 생각을 많이 해야 할 것 같다. 진로에 대해 더 큰 확신이 섰고, 교사 외에 다른 직업도 생각해 보아야겠다.
- 매우 기억에 남는 소중한 시간들이었다.
- 이 집단 상담을 하기 전에는 나의 진로 결정 상태가 불확실했는데, 지금은 거의 확실하게 결정한 상태이다.
- 좀 더 빨리 이런 기회가 있었더라면 나의 진로 선택에 많은 도움이 되었을 텐데 아쉬운 감이 있다.

• 저자 •

김희수(金希洙) • 약력 •
서강대학교 문과대학 국어국문학과 졸업
서강대학교 교육대학원 교육학 석사 (국어교육, 상담심리 전공)
건국대학교 문과대학원 교육학 박사 (교육심리학 전공)
한국 심리학회 1급 상담전문가
한국 상담학회 1급 상담전문가 및 이사
한국 진로상담학회 1급 진로상담전문가 및 이사
한국 진로교육학회 편집위원장
한세대학교 교양학부 교수
(전) 건국대학교 학생생활상담실장

• 저서 •
『인간관계론』
『교육심리학』
『진로와 직업』(고등학교 인정교과서)
『좋은 학교를 만드는 비결』(역)
『자신을 왜 남과 비교하는가』(역)
『우울증 스스로 극복하기』(역)
『진로 상담의 기술』(역)
외 다수

• 연구논문 •
「REBT를 적용한 진로집단 상담 프로그램이 대학생의 진로발달에 미치는
효과」
「인지적 진로 상담 프로그램이 의사결정 유형과 대인 관계 능력에 미치
는 효과 연구」
「인지행동치료를 적용한 문제해결적 진로상담 프로그램이 자기효능감과
진로태도 성숙에 미치는 효과」
「학교인성교육 담당자의 전문화」
「Overcoming Test Anxiety by Cognitive Behavioral Approach」
「효과적인 진로상담을 위한 다양한 진로 상담자의 이해와 접근 방안」
「통합교육의 활성화를 통한 장애인의 효과적인 진로교육 방안」
「E.T.프로그램이 대학생의 대인관계 능력과 대인간 갈등해결방식에 미치
는 효과」
「진로 정보 탐색 프로그램이 대학생의 진로 탐색 자기 효능감과 직업 정
보 가독력에 미치는 영향」
「REBT를 적용한 진로 집단 상담 프로그램이 대학생의 진로발달에 미치
는 효과」
「인지적 진로 집단 상담 프로그램이 자아개념과 진로결정수준에 미치는
효과 연구」
외 다수

인지행동 치료를 적용한 진로 상담의 효과 연구

• 초판 인쇄	2005년 9월 30일
• 초판 발행	2005년 9월 30일
• 지 은 이	김희수
• 펴 낸 이	채종준
• 펴 낸 곳	한국학술정보㈜
	경기도 파주시 교하읍 문발리 526-2
	파주출판문화정보산업단지
	전화 031) 908-3181(대표) · 팩스 031) 908-3189
	홈페이지 http://www.kstudy.com
	e-mail(e-Book사업부) ebook@kstudy.com
• 등 록	제일산-115호(2000. 6. 19)
• 가 격	25,000원

ISBN   89-534-3377-0 93180 (Paper Book)
        89-534-3378-9 98180 (e-Book)